Surgeon's Loupe

외과의사의 루페

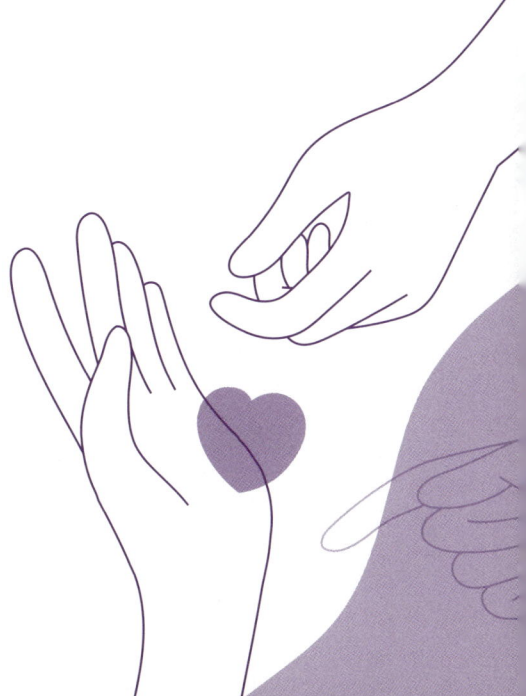

외과의사의 루페 **목차**

1장 신화의 세계　　　　　　　　　　06
　01　불멸의 꿈　　　　　　　　　　08
　02　까마귀와 부엉이　　　　　　　16
　03　카산드라의 예언　　　　　　　24
　04　손오공(孫悟空)　　　　　　　 32

2장 시간의 흐름　　　　　　　　　　42
　05　The Butterfly Effect　　　　44
　06　미래는 예측 가능할까?　　　　52
　07　In time　　　　　　　　　　　62
　08　Groundhog day　　　　　　　68
　09　화성 연대기　　　　　　　　　76

3장　우리가 살아야 할 나라는?　　　　　　　84

　10　No man left behind　　　　　　　86
　11　어떻게 다스릴 것인가?　　　　　　92
　12　치러야 할 값은 언제나 같다　　　102
　13　선시어외 (先始於隗)　　　　　　110
　14　콩코드 오류　　　　　　　　　　118
　15　동충하초　　　　　　　　　　　124

4장　기억할 시간　　　　　　　　　　132

　16　알파고　　　　　　　　　　　　134
　17　기억의 편린　　　　　　　　　　142
　18　서유기(西遊記) - 끝나지 않는 여정　150
　19　삶의 길　　　　　　　　　　　　160
　20　태풍　　　　　　　　　　　　　166

5장 거친 세상 살아가자면   174

  21   싸움의 기술   176
  22   Andre the giant   184
  23   고슴도치도 어릴 때는 귀엽다   192
  24   Not today!   198
  25   빌헬름의 비명   204
  26   인, 인, 인. (人, 人, 人.)   210
  27   세고익위   220

6장 외과의사로 사는 방식   226

  28   오늘, 편작(扁鵲)을 생각한다   228
  29   사문난적(斯文亂賊)   236
  30   블랙잭   242
  31   때깔있게!   252
  32   백양목을 짊어진 노새   258

1장

신화의 세계

01 불멸의 꿈
02 까마귀와 부엉이
03 카산드라의 예언
04 손오공(孫悟空)

01 불멸의 꿈

성경에는 인간의 수명이 초반대에는 거의 900년 정도가 되었다고 기록되어 있다. 아담은 930세까지 살았고 그의 아들인 셋은 912세, 3대인 에노스는 905세까지 장수했다고 한다. 중간에 에녹이 365세로 단명(?) 했지만 노아까지는 비교적 적어도 700세는 넘겨 살았다고 기록되어 있다.

가장 오래 살았던 사람은 노아의 할아버지인 므두셀라로, 969년을 살았다고 한다(물론 생물학적인 관점에서 보면 이런 수명은 정말 '신화적'이라고 함이 옳아 보인다.).

과학자들은 모든 동물들은 성숙에 이르는 시간의 여섯 배 정도를 살 수 있다고 생각한다. 물론, 사고나 질병 등 외부적인 요인이 없을 경우에 이렇다는 말이다. 그러니까, 사람이 성숙하는데 20년 정도가 걸린다고 보면 인간의 '정상적인' 수명은 120세 정도여야 한다.

하지만 인간은 아직까지 이런 정도의 수명을 누리지는 못한다(성경의 선조들을 제외하고는 말이다.). 최근 들어서야 평균수명이 70세에 이르렀지만, 불과 얼마 전만 해도 40대 정도의 기대

수명에 불과했다(1950년 기대수명 46.4세).

기네스북에 기록된 세계의 최장수 인물은 122세까지 살았던 프랑스 여성이라고 한다. 이 여성은 100세에도 자전거를 탈 정도로 건강했다고 하며, 임종의 순간까지도 정신이 또렷했다고 한다. 정말 축복받은 사람이 아닐 수 없다.

과학은 언제나 장수라는 주제에 온 힘을 다 기울이고 있다. 과거의 불로장생의 약을 연구하던 사람들의 노력이 현재까지도 면면이 이어져 내려와 가장 중요한 연구의 주제로 남아있다. 지금의 과학계의 모든 연구 주제를 보면 근본적인 개념은 딱 한 가지로 정의될 수 있겠다. '일단 병을 막으면 좀 더 장수에 가까워질 것'이라는 생각을 기반으로 한 것이다.

이런 연구들 중에 흥미로운 것들이 상당수 있는데, 그 중 장수하는 생물들의 특징을 연구하는 것이 대표적이다.

주목받는 생물은 벌거숭이두더지쥐(Heterocepalus glaber)인데, 동아프리카에서 발견된 설치류이다. 이름과는 달리 두더지와는 상관이 없고, 쥐의 일종이라고 한다. 평균 75마리 정도(20~300마리)의 무리를 이루고 살아가는 집단을 형성하는데, 마치 개미와 같은 역할분담이 있으며, 계급체계가 뚜렷한 사회성(Eusociality)을 이룬 몇 안 되는 생물 중 하나이다. 이 동물은 수명이 30년 이상이고 이를 인간으로 환산하면 거의 800년 이상을 사는 것과 같다.

이런 긴 시간을 버티려면 특별한 뭔가가 있어야 하는데, 이 동물들은 통증을 잘 느끼지 못하는 특성이 있으며, 산소 포화도가 낮은 환경에서도 오랜 시간을 버틸 수 있다. 그리고 암에 강력한 내성을 지니고 있는 것으로 밝혀졌다.

사람들은 이 특별한 동물에게 성경에 등장하는 최장수 인물인 '므두셀라'라는 별명을 붙였다. 지금은 이 동물은 학명이나 공식적인 명칭보다 '므두셀라'라는 이름으로 더 많이 불리고 있으며, 이 장수의 비밀을 알기 위해 수많은 기관에서 경주하듯 연구를 해 나가고 있다.

일부 밝혀진 내용들도 있긴 하지만 아직 이들을 적용하기는 어렵다. 그리고 이 신비한 동물의 비밀이 한, 두 가지의 분자생물학적 특징을 잡았다고 다 간파할 수는 없을 것이다. 인간들이 스스로를 파악하기 위해 선사시대부터 지속적인 연구를 추구해 왔음에도 아직도 장님 코끼리 더듬는 수준에 불과하다는 것을 보면 바로 이해가 될 것이다.

하지만, 언젠가는 우리가 늙어가는, 그래서 소멸하는 비밀을 밝혀낼 수도 있을지 모른다.

하. 지. 만.…

과연 그게 옳은 것일까, 나는 늘 그런 생각을 한다. 과거의 일을 돌이켜 보면 오래 산다는 것이 축복이었음은 분명한 일이지만, 그게 늘 그랬던 것만 것 아니다.

내가 좋아하던 영화 〈하이랜더〉에도 주인공이 혼자 오랜 시간 살아가는 (혹은 살아남는) 것을 괴로워하는 장면이 주된 흐름이었단 것을 기억한다.

그리고 신화에서도 신들, immortals라고 표현되는 존재가 아닌 우리 필멸의 존재들은 장수가 축복이 아니라 저주였던 경우가 더 많았다.

그 중 하나가 새벽의 여신 에오스의 연인이었던 트로이의 왕자 티토노스이다. 에오스는 제우스를 설득해 자신의 연인에게 불멸성을 선물하였다. 그러나 그녀는 깜빡하고 영원한 젊음을 유지하게 해 달라는 요청을 하지 않았다. 그 결과는 불을 보듯

뻔한 일이었다. 나날이 늙어가는 티토노스는 결국 백발이 되고 수족을 움직이지 못하게 되었는데도 죽지 않고 있어서 결국 여신은 그를 매미로 변하게 하였다고 한다.

결국 '새벽'과 '늙음'의 인연은 함께 할 수 없는 비극적인 것이다(사족 : 그러고 보면 트로이의 왕자들은 죄다 지지리 복도 없었던 것 같다.).

그리고 또 다른 이야기는 여신 혹은 무녀라고 불렸던 시벨레(혹은 키벨레 : Cybele)다.

평범한 인간이던 그녀는 (물론 다른 내용에서는 그녀는 제우스의 딸로 나오기도 한다.) 아폴론의 사랑을 받게 되는데, 예지력과 함께 긴 수명을 선물 받았다. 그녀는 한 줌의 모래를 들고 와 이 모래알 개수만큼의 생일을 맞게 해 달라고 했다 한다.

하지만 그녀 역시 젊음을 유지하게 해 달라는 말을 깜빡 잊은 결과, 1000년을 넘게 살면서 계속 늙어가고 결국은 그 '저주'가 끝나고서야 영면할 수 있었다.

지금, 이 순간에도 수없이 많은 사람들이 소위 꿈과도 같은 수명 연장을 위해 머리를 싸매고 전력투구하고 있다. 뛰어난 과학

수준으로 다양한 방식의 연구가 가능한 현대에는 이런 식이라면 조만간 이 꿈을 이루게 될 가능성도 없지 않다.

과거 시대의 연금술사들이나 방사라고 불리던 사람들의 연구에서도 그러했듯이, 정말 '금'이나 불로불사의 '단약'을 만들어내지는 못할지라도 그 과정에서 파생되어 나온 지식이 우리를 이롭게 할 가능성도 있다.

하지만, 여기에도 우리가 생각해야 할 부분은 분명히 있다.

무엇을 연구하든 그것을 주도하는 사람의 의도가 중요하고, 또 결과에 대한 어느 정도 예측과 전망을 가지고 있어야 한다. 그리고 결과물이 불러오게 될 파장 역시 생각을 하고 있어야 마땅하다.

오래 살 수 있게 만들려는 목적 한 가지에 집착한다면 분명 그 대가를 치를 뭔가 부족한 부분이 생길 것을 예상해야 한다 (뭐든 공짜 점심은 없고, 어떤 목적이 이르는데 드는 총 에너지 양은 언제나 동일하다.).

세포의 예를 들어도, 분열을 계속하면서도 노화하지 않고 버티는 세포가 있긴 한데, 그런 세포를 우리는 일반적으로 '암세포'라고 부른다. (immortalized cell = cancer cell) 정상적인 세포들은 일정 단계까지 분열하면 더 이상 성장을 멈추고 노화

되어 가다 결국 소멸하고 만다. 세포주(cell line)는 거의 다가 암세포로 만들어진 것이지 일반적인 체세포가 드문 것은 바로 이런 까닭이다.

결국… 그런 것이다.
젊음이 동반되지 않은 장수는 과연 축복이라 할 수 있는가?
긴 시간을 영위하는 것이 힘겹기만 하다면 과연 그 긴 수명은 무엇이란 말인가?
그리고, 오래 사는 것을 다들 바라지만, 그것이 결코 아름답지 않은 결과를 만든다면…
그걸 과연 어떻게 생각해야 옳을까?
그렇다.
오랜 기간 사는 것도 중요하지만, 잘 사는 것도 그 못지않게 중요하다.
Staying alive, staying young!

02 까마귀와
   부엉이

테살리아의 공주 코로니스(Coronis)는 아폴론과 사랑하는 사이였지만, 결국 신과는 맺어지지 못할 것을 너무나 잘 아는 이 공주는 이스키스라는 인간(아카디아의 왕자)과 사랑에 빠진다. 이것을 발견하고 보고한 것이 아폴론의 전령인 까마귀였다.

이 불륜의 대가로 아폴론은 아르테미스에게 부탁해 테살리아 궁전에 역병을 퍼뜨렸다. 까마귀는 또 이 처참하게 사람들이 죽어가는 참상을 상세하게 지켜보고 아폴론에게 돌아가 보고했다.

아폴론은 코로니스가 아기를 임신한 채로 죽어가며 아기만은 살려 달라고 애원했다는 보고를 받고 달려갔으나 이미 때는 늦어 화장을 하고 있었다.

아폴론은 죽은 그녀의 몸에서 아직은 살아있던 아기를 끄집어냈는데, 이 아기가 의신(醫神) 아스클레피우스이다.

(작가 주 : 물론, 다른 버전의 이야기로는 분노한 아폴론이 쏘아 댄 화살로 코로니스가 죽게 되었으며, 죽어가면서 직접 아폴론에게 아기를 살려 달라고 했다는 것이 있다. 아폴론의 화살은 살상을 뜻하는 무기일 수 있지만, 〈일리아드〉의 내용 중에 분노

한 아폴론의 화살이 역병을 뜻하는 것으로도 사용되었다는 것을 보면, 역병으로 봐도 틀리지 않을 것이다.)

결국 나중에서야 후회막급한 아폴론은 자신의 성급했던 잘못을 전가했다. 이 모든 일들의 원인을 까마귀라고 생각한 아폴론은 이전까지는 흰색이었던 까마귀에게 저주를 내려 모두 까만색이 되고 말았다고 한다.
공주의 이름인 코로니스는 까마귀 혹은 까마귀 떼를 뜻하는 말이라고 한다. 아름다운 공주가 왜 이런 이름을 가지고 있었는지는 알 길이 없으나, 그녀의 죽음을 슬퍼한 아폴론은 그녀를 하늘로 올려 까마귀자리로 만들었다고 한다.

여기에 우리가 잘 모르는 중간 이야기가 또 있다.
아폴론의 전령인 까마귀가 자신의 임무에 충실하기 위해 목격한 충격적인 (아폴론 신의 연인이 배신했다는) 사실을 주인에게 알리기 위해 아폴론 신전으로 날아가던 중, 또 다른 까마귀를 만났는데, 그 까마귀는 어디를 그리 급히 가느냐 하고 물었다.
전령 까마귀가 연유를 설명하자, 그것을 들은 까마귀가 자신의 이야기를 들려주며 그를 타일렀다고 한다.

자신은 원래 아테나 여신의 전령이었는데, 케크롭스 왕의 세 딸들을 감시하다 막내딸의 잘못을 보고했다가 되려 미움을 받아 자리를 부엉이에게 빼앗기고 말았다는 것을 설명하면서 입을 조심하라고 충고한다.

하지만 전령 까마귀는 이 충고를 듣지 않고 곧이곧대로 아폴론에게 보고했고, 분노에 찬 아폴론은 우리가 알고 있는 일련의 일들을 저질렀다.

그럼 부엉이는 무슨 사연이 없었을까?

지혜의 여신 아테나(로마 신화의 미네르바)의 상징은 부엉이다. 지혜를 상징하는 이 부엉이의 자리는 원래 아폴론 전령 까마귀가 만난 까마귀의 것이었다고 한다. 오비디우스의 〈변신이야기〉에 따르면, 부엉이는 원래 레스보스 섬의 뉘티메네라는 이름의 여성이었는데, 근친상간의 죄로 부엉이가 되었다고 하며, 이 죄를 부끄럽게 여겨 사람들이 눈에 띄지 않도록 밤에만 활동한다고 전한다.

아테나가 입 싼 수다쟁이 까마귀 대신 부끄러움을 아는 부엉이를 신조(神鳥)로 삼았다는 것은 시사하는 바가 크다.

이 신화들은 오늘날에도 생각할 많은 문제를 우리에게 전하고 있다.

우선 전령이라는 일을 한번 생각하면, 자신이 본 그대로를 충실히 전달하는 것이 그들의 임무다. 시시콜콜 다 자세하게 옮기는 것이 그들의 자질이자 역량에 해당한다. 여간 머리가 좋지 않고서는 하기 힘든 일이 분명하다.

하지만, 이 신화를 보면 너무 기억력이 좋고 상세한 묘사가 가능한 것도 문제가 될 수 있다는 것이다.

참… 많은 생각을 하게 만드는 내용이다.

이 두 새가 우리에게 전하는 내용에 따르면, 결국 일인자가 휘두르는 대로, 그들의 입맛에 맞는 대로 행동해야 자리를 보존하고 자신의 생명, 혹은 가치를 보존할 수 있다는 것이다.

과거 역사를 통틀어 왜 그렇게 간신이 많았는지 이해가 되게 만드는 대목이기도 하다.

그리고 너무 강력한 1인이 지배하는 구조에서 능력 있는 사람이 나기 힘든 까닭도 여기에 있을 것이다. 다른 의견을 낸다거나, 너무 똑똑해 보이면 나중에 자신의 자리를 위협할 것이라는 편협한 생각으로 내치고, 자신의 주변에는 죄다 만만한 자를 두려고 하는 행태를 우리는 너무나 많이 보고 있다.

물론, 그들은 이런 변명을 할지도 모른다.

"자신이 선택한 자들이 좀 부족하더라도 '인재양성' 차원에서 이런 '희생'을 한다."

이런 부류의 특성으로 생각하자면, 자신이 정말로 이런다고 굳세게 믿을 가능성이 있을지도 또 모르겠다.

원래 자신의 부조리를 애써 숨기는 재능이나, 아니면 아예 그걸 진실이라 믿어버리는 재능이 이런 사람들에게는 꼭 필요한 능력일 것이니까.

하지만 그건 역시 올바른 일이 아니라는 것 또한 역사에 기록된 '흥망성쇠'로 증명된다.

원래 부엉이하면 가장 유명한 내용이 바로
"미네르바의 부엉이는 황혼 녘에나 날아오른다." 는 말이다.

이 말은 헤겔의 〈법철학〉에 나오는 말이다. 헤겔은 그의 책을 설명하는 핵심적인 내용으로, 철학이라는 것은 미리 예측할 수 있는 것이 아니고, 시간이 흐른 후 역사적인 조건을 알아야만 그 뜻을 분명히 알 수 있다고 말한 것이다.

서문에 기록된 이 말은, 결국 '지혜'는 언제나 늦게 찾아오는 법이고, 인간은 모든 일이 다 끝난 후에야 진실을 깨닫게 된다는 의미로 많이 사용된다.

　우리 인간들이 몽매에서 벗어나지 못하는 것은 이런 교훈을 제대로 깨닫지 못하는 결과라고 봐야 한다.

　결국 마지막에 이르러서야 진실이 후회와 함께 찾아오리라는 것이다.

　조금 심하게 말하자면 이것은 일종의 저주다.

　하지만 다행스럽게도 인간은 공감하는 능력이 있고, 타인을 연민하는 드문 특징을 가지고 있다.

　연민이라고 하는 특이한 감정은 누군가를 긍휼히 여긴다는 뜻이기도 하지만 그 아픔을 공유한다는 의미이기도 하다. 이 아픔이라고 하는 것은 일종의 경고라고 보는 것이 옳을 것이다. 뭔가를 하게 되면 당하게 되는 징벌적인 교훈으로 우리는 다시는 그런 서툰 행동을 반복하지 않게 되고, 결국 오류를 줄여 나갈 수 있는 것이다.

　허술하기 그지없는 인류가 그나마 살아남아 현대라는 시간을 꾸려 나가고 있는 데는, 아픈 것을 더 이상 반복하지 않고 알아서 피하는 지혜를 가지고 있기 때문이라고 나는 믿는다.

　하지만, 그나마 그만한 마음가짐조차 없다면…

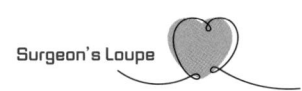

　결국 우리는 모든 일이 다 벌어지고 난 후에야 처절하게 반성하게 되는 저주의 굴레를 결코 벗지 못할 것이다.

03 카산드라의
   예언

고대 그리스는 신의 나라였다. 모든 일은 신들의 뜻대로 이루어져 가는 것이고 사람이 할 일은 거의 없는 그런 나라였다.

하지만 신들이란 존재는 그리 완벽한 존재들은 아니었다. 잘 알려진 것처럼 신들 사이에서도 갈등이 존재하고 서로 편을 갈라 싸우기도 하고, 인간들과 마찬가지로 욕심이나 애욕으로 불명예를 당하기도 했었다. 게다가 이기적인 관점으로 인간들을 희생시키는 일도 마다하지 않는, 조금은 파렴치한 집단이 아닌가 의심스러울 정도다.

그러나 미약한 인간들은 그런 신을 수용할 수밖에 없었고, 그들의 뜻을 알아내기 위해 온갖 일을 다하는 것이 최선이라 생각했었다. 바다를 마주하면 포세이돈을 두려워해야 하고, 하늘 아래 있으면 아폴론이 내려다보고, 땅은 데메테르, 그리고 어디는 또 무슨 신… 그러니 나무 한 그루, 풀 한 포기 어디 잘 못 건드려 동티 나지 않을 것을 발견하는 게 쉬운 일이 아니었을 것이다.

이런 환경을 살아가자면 동네마다 신전 한 두 개 없을 수 없었고, 소위 신내림을 받았다는 별의별 오사리 잡탕들이 난무했을 것은 너무나 당연한 일이었을 것이다. 하지만 그리스 사람들도 정말 영악하기 때문에 스스로 사기를 치는 것은 몰라도 남이 자신들에게 사기를 치는 것을 허용할 생각은 조금도 없었을 것이다. 그래서 소위 영험하다는 한 두 군데의 신탁 장소를 제외하고는 거의 살아남기가 힘들었다고 한다.

그런 신탁의 명소로 유명한 대표적인 곳이 바로 델포이 신전이다.

그 신전의 무녀는 정말 영험해서 웬만한 일은 다 집어내는 족집게 같았다고 한다. 하지만 너무 모호한 말로 구성된 신탁이라 이를 잘 해석해야지, 안 그러면 낭패를 당하는 일이 허다했다는 것은 잘 알려진 사실이다.

신탁을 곧이곧대로 믿고 전쟁에 나갔다가 나라를 말아먹은 왕 크로이소스의 이야기가 있는가 하면, 크세르크세스왕이 이끄는 페르시아의 침공에 대비해 신탁을 받았던 아테네에서 역시 신탁을 신중하게 이해하지 못한 대가로 아크로폴리스 광장에서 죽음을 맞은 사람들도 있었다.

(작가 주: 이 신탁은 "나무 벽만은 무너지지 않고 너희와 자식들을 지켜 줄 것이다."라는 것이었다. 이 신탁에 대해 아크로폴리스의 나무방책이라고 해석한 사람들과 나무 벽을 강력한 아테네 수군의 배(목선)를 뜻하는 것이라고 해석한 두 파로 나뉘

었다. 결국 아크로폴리스를 택한 사람들은 페르시아군에게 몰살을 당했지만, 아테네의 배만은 부서지지 않고 아테네를 지켜내게 되었다.)

이처럼 옳은 신탁에도 삐끗하면 나락으로 떨어질 가능성이 농후한데, 잘못된 신탁을 듣는 것은 얼마나 위험했을까? 그러니 웬만한 신탁에 대해서는 신뢰도가 떨어지는 일은 허다했을 것이다.

나는 요즘 뜬금없이 이렇게 신뢰를 얻지 못한 신탁이나 예언은 또 어떤 대접을 받았을지 궁금해졌다. 그러다 떠오른 것이 바로 이 카산드라라는 비련의 공주이다.

카산드라는 트로이의 공주였다. 파리스와 헥토르의 누이인 그녀는 어릴 적 아폴론의 신전에서 예언의 능력을 얻게 되었다. (작가 주: 그 계기에 대해서는 두 가지 설이 있는데, 첫째는 우연히 그녀의 언니와 함께 하룻밤을 신전에서 보내게 되었을 때 신전의 뱀이 그녀의 귀를 핥아서 정화(淨化)가 되었던 까닭에 자연과 신들의 이야기를 들을 수 있게 되었다고 하는 것이다. 그 후 그녀가 성장해서 아름다운 여인이 되었는데, 그녀를 마음에 둔 아폴론이 다가가려 했으나 완강하게 저항하는 바람에 격노

1장 신화의 세계 27

한 아폴론이 그녀의 예언에서 설득력을 앗아가 버렸다고 한다.

두 번째는 그녀를 사랑하게 된 아폴론이 그녀를 유혹하기 위해 예지능력을 주었는데, 그 능력이 생긴 카산드라가 자신은 인간이기 때문에 결국 늙고 죽을 것이나 신인 아폴론은 그렇지 않을 것이라 그 사랑이 결코 오래지 않을 것임을 깨닫게 되었기 때문에 그의 사랑을 거부했다는 것이다. 그래서 아폴론이 역시 똑같은 일을 벌였다는 것이다.)

카산드라는 일찍이 파리스가 트로이에 전화(戰禍)를 불러올 것이라 예언을 했으나 아버지인 프리아모스 왕조차 그녀를 믿지 못하였고 딸이 실성한 것으로 생각했다고 한다. 심지어 사람들은 그녀와 마주치기를 꺼려하기까지 했다고 한다. 하긴 불길한 말이나 하는 실성한(?) 여자를 만나고 싶은 사람이 누가 있었겠나?

그런 까닭에 카산드라가 오디세우스의 목마를 성안으로 들이지 말라고 예언했을 때도 아무도 그 말을 믿지 않았다. 그것이 간악한 계략임을 아무리 말해도 그 말을 신뢰하는 자가 있기는커녕 오히려 더 미심쩍어하고 재수 없어하는 사람이 많았다는 것이다. 결국 정해진 대로 트로이의 운명은 애초에 희망이 보이지 않는 것이었다.

결국 트로이는 오랜 시간 버텨 왔던 막바지에 허무하게 멸망하고 말았다. 그들은 현명한 사람들이 하는 경고를 무시하고 단순 무식한 자기중심적 해석으로 일을 망친 것이다.

오늘 카산드라를 다시 떠올린 것은 요즘 우리가 하는 일이 마치 그녀가 하는 말처럼 의미 없고 공허한 것은 아닐까 하는 생각이 들어서다.

나는 적어도 우리 사회는 후진성은 벗어난 지 한참은 됐다고 믿어왔다. 우리가 하는 일들은 적어도 정의에 기반하고 있다, 그러기에 선함을 그 기본가치로 지니고 있다고 생각했다.

하지만 요즘 세상이 흘러가는 모습을 보니 이런 생각들이 너무 순진무구한 것이 아니었나 하는 회의가 들기 시작했다.

지금 우리나라는 양쪽 극단으로 나뉘어 이런저런 되지도 않는 주장이 진실인 양 포장되고 확대, 재생산되는 구제불능의 사회다. 옳은 것이 무엇인지 도무지 보이지 않고, 진실 혹은 진심이라는 것도 어디론가 사라지고 단순히 방송에서 이름이나 내는 것을 즐기는 자들이나 추앙받는, 반쯤 실성한 사회 같다.

1장 신화의 세계   29

하지만 한 가지는 꼭 기억해야 한다.

진정 실성한 것은 옳은 예언을 받아들일 자세가 안된 트로이인들이지 카산드라는 아니었다는 것이다. 결국 운명이 이끄는 길로 갈 것이었지만, 결국 불쌍한 카산드라보다 더 불행했던 것은 조국을 말아먹고 스스로를 망쳐버린 트로이인들이었다는 것을 한 번쯤은 상기해 볼 필요가 있을 것이다.

Surgeon's Loupe

04 손오공
(孫悟空)

그는 우리가 좋아하던 만화의 주인공이었다.

「서유기(西遊記)」라는 원작의 이름이 낯선 사람들(이 행여나 있을까?)에게도 그는 땅을 박차고 뛰어올라 천지를 누비는 근두운을 타는 꿈을 꾸게 만드는 존재였다.

중국의 고전 〈서유기〉 속에서 그는 주류 사회에 속하지 못하는 반항아로서, 변방 화과산(花果山)에서 태어난 돌원숭이에 불과했지만 원숭이들의 왕으로 미후왕(美猴王: 아름다운 원숭이 왕이라는 뜻)으로 불리다 말썽꾸러기를 제어할 목적으로 천계로 불러 제수하게 되는 필마온(弼馬溫 : 마구간 지기)이 되면서 본격적으로 주류사회인 천계, 혹은 선계에 합류한다. 물론, 필마온이라는 직책이 형편없는 놀림감이다시피 하다는 것을 깨닫는 순간 스스로 힘을 일으켜 결국 제천대성(齊天大聖)에 이른다.

그는 불타는 듯한 금빛 눈동자를 지녔다 하여 화안금정(火眼金睛)의 금모원후(金毛猿候)라고 불렸다. 즉, 황금빛 털과 불타는 듯한 눈동자를 지닌 불멸의 존재로 사람들은 그를 보고 뇌공(雷公 : 번개의 신)처럼 생겼다고 여겼다 한다.

1장 신화의 세계

천계를 혼란케 한 죄로 토벌되어 벌을 받고 500년 동안 갇혀 지내다 풀려나 삼장법사를 따르면서 비로소 우리가 아는 친숙한 '손오공'이 되었고, 여행의 종착지인 서천에 도달한 공적을 인정받아 석가모니로부터 투전승불(鬪戰勝佛)이라는 이름을 받게 되었다.

그를 생각하면 늘 좌충우돌하는 망나니 원숭이, 혹은 불패의 전사를 떠올리게 되고 코믹하고 친숙한 이미지를 그리게 된다. 하지만 그의 이름이 가진 뜻을 한번 생각을 해보면 뭔가 다른 것이 있다는 것을 느낄 수 있다.

시간의 흐름으로 정리해 보면,

1) 돌원숭이: 단단하고 불멸의 소질을 타고났지만 투박하고 미미한 존재

2) 미후왕: 아름답다고 표현을 했지만 여전히 원숭이일 뿐이다. 비록 두목인 왕이라 할지라도.

3) 필마온: 미관말직이나마 처음으로 변방에서 중앙의 세력에 합류

4) 제천대성: 하늘을 다스리는 거대한 존재. 성인(聖人)이라고는 했지만 스스로 그리 여긴 것일 뿐, 모두가 인정하는 내용

은 아니었다.

  5) 손행자(孫行者): 삼장법사를 수행하며 서천으로 긴 여행을 하는 동안의 모습에 어울리는 별명. 삼장이 지어주었다.

  6) 투전승불: 승리의 부처라는 뜻의 이름. 깨달음을 얻어 부처가 되는 과정을 느끼게 해 주는 이름이다.

  손오공은 이런 변천을 거쳤다.

  그런데, 이 손오공이란 이름은 누가 지어준 것일까?

  다들 오해하고 있는 부분이 있는데, 삼장법사가 지어주었을 것이라는 생각이다(법명이라고 생각하니까).

  하지만 실제로 이 이름, 손오공의 유래는 다른 것이다.

  미후왕이던 시절의 돌원숭이는 자신이 지금은 이런 환락 속에 살지만 결국은 늙어갈 것이고, 죽고 소멸하게 될 것이라는 운명을 깨달은 후 이를 극복하기 위한 방법으로 불로불사의 도술을 배우기 위해 길을 떠난다.

  사방팔방으로 방법을 찾던 중 도착한 서우하주라는 곳에서 수보리 조사(須菩提 祖師 : 석가모니의 직계 10대 제자 중 한 명)를 만나게 되는데, 손오공이란 이름은 바로 그에게서 받은 이름이다.

1장 신화의 세계   35

스승인 수보리 조사는 그가 원숭이이니 원숭이 손(猻) 자를 사용하되, 더 이상 짐승은 아니니 그 猻자에서 짐승을 의미하는 개사슴록 변을 떼고 손(孫)을 성으로 삼았고, 자신의 제자들이 오(悟) 자 돌림이어서 오공(悟空)이라는 이름을 내렸다고 한다.

비로소 이름 석자를 갖게 된 손오공은 그에게서 72가지 변신술과 근두운을 부리는 방법을 배웠다.

하지만 손오공이 교만하고 뻐기고 자랑하기를 좋아하는 것을 본 수보리 조사는 손오공을 파문하고 말았다.

결국 손오공이 목적했던 불로불사의 비법은 배우지 못한 셈이었다.

하지만, 손오공이 나중에 저승에 끌려갔을 때, 생사부에 적힌 자신의 이름과 동료들의 이름을 죄다 지워버리는 바람에 불가피하게 불사의 존재가 되었고, 스승에게서 배운 도술과 무력을 이용해 천계의 진귀한 과일인 서왕모(西王母)의 선도(仙桃)며 태상노군(太上老君)의 단약(丹藥) 같은 진귀한 불로의 명약들을 훔쳐 먹는 기회를 잡게 되었으니 결국 그의 스승이 그를 불로불사하게 만든 것이라 볼 수도 있겠다.

여기까지가 우리가 아는 손오공의 전반적인 이야기다.

최근에 다른 뭔가를 하기 위해 이것저것 좀 조사를 하다 우연한 기회에 이 손오공이란 이름에 이상한 점이 있다는 것을 파악하게 되었다.

전형적인 중국풍의 과장과 현란한 미화 속에서도 손오공의 소위 '일대기'라고 할만한 서유기는 우리가 알아차리지 못하는 사이 뭔가를 미묘한 코드로 심어 두었다고 생각하게 된 것이다.

그의 일대기는 미미한 한 변방의 원숭이에서 제천대성이란 위명으로 천지를 발칵 뒤집을 정도로 성장하고, 자신의 스타일에는 전혀 맞지 않는 행자로서의 수수한 모습으로, 마냥 착하기만 하고 우유부단한 스승과 능력도 없이 징징대기만 하는 두 아우를 이끌어 서천이라는 목표에 이르게 하는 길고도 먼 행로를 수행한다.

그 역경을 이긴 그는 비로소 부처의 반열에 올라 불멸의 존재에 걸맞은 위상을 갖게 된다.

하지만 그게 다 무엇이랴.
그의 이름은 바로 이점을 신랄하게 짚어주고 있다.
비록 그의 마지막 이름이 지지 않는 부처, 투전승불에 이르렀을지라도.

오공. 깨달을 悟, 그리고 빌 空.

그렇다.

이 이름으로 그는 우리에게 처음부터, 그리고 지금 이 순간에도 바로 이렇게 말하고 있다.

"늘 기억하라. 이 모든 것은 허황되고 허황되니."

추가의 글 - 〈필마온(弼馬溫)의 유래〉

서유기에 나오는 놀림감 같은 이 직함은 의외로 깊은 사연이 있다.

한자로 풀어보면 필(弼) 자는 보필한다는 말에서도 사용되는 것처럼 돕는다는 뜻을 가지고 있다. 마(馬) 자는 당연히 말이고, 온(溫)자도 우리가 잘 아는 글자다. 그러니까, 이 직함은 말을 따뜻하게 보호한다는 뜻이 되겠다.

하지만 이 글자를 피마온(避馬溫)에서 유래했다고 보는 해석이 있다고 한다. 필마온이라는 단어는 피마온에서 같은 음을 가진 글자로 변형한 데서 온 것이라는 설이다. 이런 해석은 상당한 지지를 받고 있다고 한다.

이렇게 되면, 우리는 내용을 좀 생각을 해 보아야 한다.

피한다는 피(避) 자 뒤의 마온은 이제는 말을 따뜻하게 한다는 뜻이 아니라 말이 걸리는 온역(溫疫)을 의미한다. 온역은 급성 열성 전염병을 뜻하는 말이다.

그러니 이 직함은 말의 온역을 피하게 하는, 즉 전염병을 막는 역할이란 뜻이다.

그런데 왜 하필이면 손오공이 이런 직책을 맡게 되었을까?

옛날 중국에서는 말이 아주 귀중한 동물이었고, 말의 질병은 심각한 손실과 나라의 전투력까지 좌우하는 중하고 치명적인 재난이었다.

그래서 이를 막기 위해 수도 없이 많은 시행착오를 거쳤을 것인데, 그러다 알게 된 방법이 원숭이를 말과 함께 기르는 방법이었다.

이는 원숭이 오줌이 말 전염병에 효과가 있다는 속설 때문이라고 한다.

정말 절묘한, '아귀 맞음'이 아닐 수 없다.

손오공은 필마온이 필히 되었어야 하는 거다.

다만 자신이 불만이었던 것이지만, 다른 어떤 것도 이보다 더 잘 어울릴 수 없었다.

참... 오랜만에 느껴 보는 절묘하고도 깊은 인연이다.

Surgeon's Loupe

2장

시간의 흐름

05 The Butterfly Effect
06 미래는 예측 가능할까?
07 In time
08 Groundhog day
09 화성 연대기

05 The Butterfly Effect

이 영화는 아주 오래전에 우연히 본 이후 머리에서 계속 떠나지 않고 있던 영화였다.

내가 원래 시간의 흐름이나 운명 같은 주제를 좋아하기도 하고, 약간의 비틂이 어떻게 흐름을 변하게 하는지 하는 주제에 대해 생각을 많이 하는 성향이어서 더 이 영화가 인상 싶었던 것 같다. 영화는 아주 빈틈이 없다 할 정도로 잘 만들어졌다고 생각한다.

자주 뭔가를 깜빡하고 정신을 잃는 어린아이의 모습이 처음에는 스토리의 흐름을 좀 뚝뚝 끊는 것 같다고 생각했었다. 하지만 영화는 보면서 나중에서야 그 장면 하나하나 다 이유가 있다는 것을 알게 되면서 소름이 돋도록 감탄했던 기억이 있다.

그런데 최근에 들어서야 이 영화에 결말이 다른 버전이 존재한다는 것을 알게 되었다. 며칠 전 넷*릭스에 올라온 이 영화를, 너무 반가운 마음으로 다시 볼 수 있었는데, 뭔가 내 기억과 다르다는 것을 알게 되었다. 그래서 찾아보니 내 기억에 남은 것은 소위 ⟨director's cut⟩이라는 버전이었고, 이번 것은 영화 상영용이었다는 것이다.

영화의 내용을 여기서 다 이야기하는 것은 많이 '무도한' 일일지도 모른다(전문용어로는 '스포일'이라고 한다고 한다.). 하지만 글이 너무 밑도 끝도 없어지는 것을 방지하기 위해서는 조금 그런 무례를 무릅써야 할 모양이다.

원래 영화의 흐름은 아버지를 닮아 시간을 거슬러 오르는 능력을 타고난 아이가 나이가 들어 자신이 그런 능력이 있다는 것을 알고는 어릴 때부터 그 원인이 존재하는 현실의 불행을 타파하기 위해 과거로 회귀한다.

그런데 한 가지 문제를 해결하면 다른 문제가 생기고, 어릴 적 여자친구가 자살을 하거나, 친한 친구가 구제불능의 범죄자가 되거나, 아니면 또 다른 친구가 정신병원에 갇혀버리는 등 더 처절한 일로 변질된다.

결국 마지막으로 행한 일은 결국 주변의 모든 사람들을 다 구할 수 있었지만, 자신이 사랑하는 여자친구를 영원히 모르는 사람으로 만들어 버리는 것이었다. 주인공은 그로 인해 모두를, 자신을 비롯하여, 구할 수 있었지만, 서늘한 가슴으로 자신을 몰라보는 여자친구를 스쳐 지나가는 장면으로 그 영화는 맺음을 한다.

하지만 감독판은 좀 달랐다.

거기에서는 지금도 기억나는 장면이 있었다. 어머니와 손금을 보는 사람을 찾아갔을 때, 주인공의 손금이 없는 것이, 이 사람은 존재하지 않는 사람 같다는 말을 듣는 대목이었다.

이 영화에서는 그냥 지나칠 수 있는 장면은 하나도 없다. 그래서 저 점장이의 말은 무슨 뜻일까, 무척 궁금했던 기억이 지금도 남아있다.

나중에서야 그 점쟁이의 말을 듣고 놀라며 어머니가 했던 말이 엄청난 쓰나미가 되어 몰려온다.

내 기억으로는 어머니는 "너 위로 두 명을 유산했었지."라고 했던 것 같다. 너무 오래되어 그 대사 자체가 다 기억나지는 않지만 그 내용은 분명 그랬던 것 같다.

이 처절한 감독판의 〈The butterfly effect〉에서는 결국 주인공은 모든 일이 더 이상 불행해지는 것을 막기 위해 어머니의 태중에서 스스로 자결하는 길을 택한다….

나는 사실, 당시 (웬만해서는 잘 놀라지도 않는 편임에도) 상당히 많이 놀랐었다. 영화가 끝나고 난 다음에도 상당한 시간 충격에서 벗어날 수 없었다.

하지만, 그런 충격적인 경험에도 불구하고 내겐 감독판이 훨씬 더 빼어난 수작이라고 생각된다.

그러나… 이런 내용을 상영 했다간 노약자와 임산부는 물론이고 '심성이 고운' 대다수의 사람들에게 실망감을 안겨주고, 욕도 상당히 먹었을 가능성이 있긴 하겠다.

이제서야 이해가 가기는 한다.

너무 처절하다거나, 자칫 잔인하게 보일 수도 있겠다 싶은 것이, 아마도 영화를 개봉하려는 입장에서도 받아들이기 좀 힘들었을 것이라 여겨진다.

나는 사실 이런 생각에 동의하는 편은 아니다. 좀 더 극적이고, 깊은 사유를 불러일으키는 질문을 던지는 것이 더 '예술'이란 것들이 가져야 할 본질적인 요구사항이 아닐까, 그런 쪽에 가까운 편이다.

하지만 요즘 글을 좀 써 나가다 보니, 그리고 그게 완성된 작가만의 'director's cut'을 바로 내 놓는 것이 아닌 상황에서는 독자들의 반응을 살피지 않을 수 없다는 생각이 든다.

최근 내가 어떤 소설 하나를 만들어 인터넷에 올리고 있는데, 내게 의사를 전달할 수 있는 '루트'가 있는 많은 분들이, 누군가를 죽이려 하지 말라는 의견을 많이 제시하고 있다. 그리고 우리 병원의 직원들은 너무 초장에 여주(여자 주인공을 요새는 이렇게 부른다고 한다.)가 죽어버리면서 통상적인 예상을 벗어나고,

남주(역시…)는 난데없이 애 딸린 홀아비가 되어 버린 것에 놀라움을 금치 못했던 그런 반응을 보였다.

기대치가 다른 까닭이리라.

〈백 투 더 퓨처〉로 갈 것인가, 아니면 〈타임머신〉처럼 갈 것인가?

〈The butterfly effect〉의 감독판인가, 상영판인가?

한 5일 전, 나는 딱 100화를 쓰고 난 후 혼자만의 '책거리' 같은 것을 했었다. 그리고 우리 카페(강남세브란스 갑상선 환우회 인터넷 카페 「거북이 가족」)에 글을 올렸더랬다.

그 글에서 앞으로 어디로 갈까 고민하고 있다고 했는데, 그 말은 사실이었고, 대략 3가지 정도의 결말에 대해 복안을 점검해 보고 있다. 그런데 그 글에 달린 댓글 중, "아무도 죽이지 말라!", "죽은 사람도 살리라!", "해피앤딩으로" 등등 글이 있는 것을 보고 좀 많이 고민하고 있다.

나는 글을 쓰면서, 그게 학술 논문이건 일반적인 글이건, 남의 의견을 참 안 듣는 편이다. 그저 내 사상과 본질과 실재라는 것, 그리고 그 글이 가지는 의미가 중요하지 나머지는 흐름을 방해할 뿐이라 여겼었다.

그래서 내 글은 주로 일사천리로, 생각의 흐름을 따라 주르

륵 쓰이지, 좌고우면하지 않는다. 소위 친절한 글은 아닌 셈이다.

　하지만 지금은 상당히 고민이 되고 있는 것이, 스스로 많이 변해가고 있다고 여겨진다.

　요즘 며칠은 다른 연구 관련 일을 해야 해서 글을 중단하고 있었는데, 지금 그 일이 마무리되고 컴퓨터를 마주했지만, 좀처럼 다시 시작하기가 어렵다는 느낌이다.

　시작을 한다는 것은 마음을 정하고 그 방향으로 부는 바람처럼 날듯이 가게 된다는 뜻인데, 아마도 지금은 몇 갈래 길을 앞에 둔 여행자처럼 숨을 돌리고 있는 것이리라 생각한다.

　"갈 길은 멀어, 여기서 잠시 쉬어도 돼."

　"그래, 조금 더 생각해도 돼."

　그렇게 스스로를 위로해 본다.

2022년 인터넷 장편 연재 소설
「론 블레이드(Lone Blade)」 연재 당시 작성 글

06　미래는
　　　예측
　　　가능할까?

수도 없이 많은 사람들이, 그리고 책들이 과거로부터 끊이지 않고 우리의 미래를 점쳐왔고 그로 인해 우리는 많이 흔들리기도 했었다. 대표적인 것이 〈노스트라다무스의 예언〉, 〈마야의 예언〉과 같은 종말에 대한 예언이고 성경의 〈요한 계시록〉도 언젠가 다가올 심판의 그날을 예언하고 있다. 우리나라에는 〈정감록〉이란 예언서가 있다.

하지만 이런 류의 책들은 대부분 모호한 비유로 정확한 파악이 어렵다는 공통된 특징이 있다. 사주를 보거나 점을 치는 것과도 크게 다르지 않다. 이렇게도, 또 저렇게도 해석될 여지가 있어서 거의 99.99%는 나중에 일이 벌어지고 난 다음에야 그 진의를 깨닫게 된다.

그리고, 이 예언이라는 것은 사람을 혹하게 만드는 매력이 있는 것과 동시에, 또 언제나 위험하다. 이는 예언을 잘못 해석할 당사자에게도 위험하지만, 자칫 예언을 한 자신에게도 큰 위험이 닥치기도 한다. 나라의 미래를 걱정한 예언자들이 오히려 배척받고 위험한 처지에 놓이기도 했다. 트로이의 멸망을 예언했던 카산드라는 이런 불행한 결말의 대표적인 이야기다.

그런데, 내겐 늘 궁금했던 대목이, 그런 큰 예언을 할 수 있는 혜안이 왜 스스로는 돌아보지 못했던 것일까 하는 것이다. 나는 결국 내가 속한 사회의 운명과 같이 흘러갈 수밖에 없는 것일 텐데, 그런 큰 흐름을 본 사람이 왜 자신의 결말을 잘 알지 못했을까?

하지만, 그와는 반대로 미래를 제대로 보고 올바르게 걸어간 사람들도 있다. 오늘의 이야기는 바로 이런 현명한 한 사람의 이야기이다.

그는 BC 536년 태어난 것으로 추정되는 초나라 사람이었다. 자는 소백(少佰), 이름은 범려(范蠡)다. 그와 관련된 고사성어는 와신상담(臥薪嘗膽), 토사구팽(兎死狗烹), 삼취삼산(三聚三散)이 있다.

그는 유명한 오월쟁패(吳越爭覇) 과정에서 오나라에 패하고 멸망 직전에 있던 월나라 왕 구천과 함께 오나라 왕 부차의 시중을 들며 고난의 세월을 겪었다. 이 기간 동안 월왕 구천을 독려하고 의지를 잃지 않게 하기 위해 행했던 일이 와신상담이다. 우여

곡절 끝에 겨우 월나라로 돌아온 후 범려는 문종과 함께 부국강병에 힘을 쏟고, 결국 오나라를 멸망시켰다.

그 후 함께 고생은 할 수 있어도 함께 성공을 누리지 못할 성격의 월왕 구천을 정확히 꿰뚫어 본 범려는 함께 승리를 일구어 낸 문종에게 함께 떠날 것을 권유했다. 이때 범려가 한 말이 사냥이 끝나면 활은 쓸모없고 교활한 토끼가 없어지면 사냥개가 잡아 먹힌다는 유명한 토사구팽이란 말이다.

하지만 이것을 알아듣지 못한 문종은 결국 월왕 구천이 내린 검으로 자결하게 되었고, 미리 모든 영화와 재물을 사람들에게 다 나누어주고 월나라를 떠난 범려만이 살아남는다.

이후 범려는 제나라로 들어가 이름을 치이자피(鴟夷子皮 : 말 가죽으로 만든 술 부대라는 뜻)로 바꾸고 사업에 종사하여 크게 재물을 모았다. 그 이후 그는 또 이 재물을 사람들에게 다 나누어 준 뒤 도(陶) 땅으로 들어가 은거하면서 다시 한번 사업을 일으켜 수만금의 재물을 모았다. 이때 그는 스스로를 도주공(陶朱公)이라 불렀다고 한다. 19년이라는 기간 동안 세 번이나 큰 성공을 일구어 낸 것이다. 이렇게 큰 재물을 모으자 그는 또 이 재물을 다 허물어 사람들에게 아낌없이 나누어 주었는데, 이를 일컬어 삼취삼산, 즉, '세 번이나 성취를 이루고 다 나누어 주었다.'는 고사성어의 주인공이 된다. 후대의 상인들은 그를 지금도 재신(財神)으로 모시고 있으며 상성(商聖)이라고 하며, 도주공이란 이름은 큰 부호의 대명사로 사용된다고 한다.

그런데, 이런 신화적인 삶을 산 그는 진정 미래를 볼 수 있는 사람이었을까?

사실 범려는 미래를 예견했다기보다는 시간과 기운의 흐름을 잘 파악해 적절한 행동의 취한 인물로 평가된다. 그의 철학을 보면, 세상만물이 모두 변화하듯이 시세의 흥망성쇠도 그와 같으니 때를 기다려 행동해야 자연스러운 것이라고 했으며, 귀한 것도 극에 다다르면 도리어 천한 것으로 바뀌고, 극도로 천한 것도 시간을 기다리면 오히려 귀해진다고 했다. 그리고 물자를 모으는 이치는 물자를 보존하기 위해 노력하되 오래 묵혀 두어서는 안 된다는 말을 했다고 한다. 바로 이런 까닭에 그는 가진 부를 아낌없이 사람들에게 나누어 줄 수 있었을 것이다. 그야말로 노블레스 오블리주의 선조 격이라 하겠다.

오늘 느닷없이 이 이야기를 떠올린 이유는 이렇다.

내가 요즘 2017년에 출간한 책으로 인해 자주 여러 단체나 방송에 불려 다니며 강의를 하고 있다. 내 스승님께서 늘 이런 나를 걱정하시면서,

"근데 니는 공부는 언제 하노?"

하셨던 말씀이 떠올라 조금 켕기는 면이 없지 않지만, 그래도 좁은 틀 안에 갇혀 있지만은 않다는, 말하자면 좀 자기 최면과 같은 위안을 하고 있다.

그런데, 이렇게 판데믹에 관련된 강의를 하다 보면 이 코로나의 앞날은 어떻게 될 것인가 하는 질문을 많이 받게 된다.

개중에 나름 올바른 답이라고 생각했지만 답하고 나서 욕을 엄청 먹었던 몇 가지를 이야기해보면,

2020년 5월 연세대학교 행정학과 대학원 강의

Q : 백신을 맞으면 이제 곧 이 바이러스를 극복할 수 있겠죠?

A : 좀 힘들 겁니다. 코로나 바이러스는 RNA 바이러스이고 변이가 심해서 백신의 역할이 한계가 있을 겁니다.

일동 : 야유

2020년 12월 모 기업 임원 강의, 2021년 1월 tvN 유튜브 강의

Q : 영국발 변이가 문제가 심각한데, 영국에서 오는 사람들을 차단해야 하지 않을까요?

A : 영국발 변이뿐일까요? 저는 지금 우리나라에서도 그런 변이는 일어나고 있다고 봅니다.

모기업 임원 일동 : 야유

tvN 방송 관계자 : 여기서 이러시면 안 됩니다.

2021년 1월 앤미디어 강의, 2021년 4월 연세대 경제대학원 최고위 과정

Q : 이제 백신은 두 번만 맞으면 되는 거죠? 결국 이 사태가 다 지나가겠죠?

A : 아마도 어려울 것입니다. 이제 곧 또 다른 위험한 변이가 생길 가능성이 높습니다. 결국 코로나 바이러스의 운명은 독감 바이러스처럼 매년 백신을 맞아야 할 가능성이 높다고 생각합니다.

일동 : 야유 × 3

늘 이런 식이었다. 하지만 그 당시 야유를 보내던 사람들, 지금 조금 놀라고 있을지도 모른다. 모든 게 다 현실이 되어가고 있으니.

내 책 〈판데믹 히스토리〉 마지막 부분에, 그러니까 그 글을 쓰던 2016년 당시에 나는,

"가까운 미래에 인류를 공포에 몰아넣고 대규모 참극을 벌일 질병이 발생한다면 주범은 바로 변형 바이러스일 것이다."라고 썼었다.

당시에는 역시 욕을 많이 들어먹었었다. 출판사에서도 너무 자극적이니 이 말을 삭제하는 것이 어떻겠느냐고 까지 했었다.

하지만 시간이 지나고 나니 마치 내가 예언을 한 것처럼 되어 버렸다. 불행하게도.

물론 이 언급은 예언이 아니었다. 과학적인 생각을 하는 사람이라면 충분히 예측 가능한 일이었다. 그리고 우리가 겪었던 생소한 질환인 SARS, MERS 등을 겪으며 당했던 황당하고 어처구니없는 경험에서 얻는 교훈이 분명 있어야 했다.

나는 사실, 이 점이 안타깝다는 것이다.
왜, 뻔히 보이는 사실까지 외면하려 드는가?

도대체 왜, 우리나라는 소위 전문가라는 사람들의 말에 귀를 기울이려 하지 않는 것일까?

사람이 오랜 경험이 쌓이고 또 역사적으로 일어났던 일들을 진중하게 돌아보면 어렴풋이나마 흘러가는 큰 물줄기 정도는 보이기도 한다. 그래서 예로부터 우리는 성현들의 말씀이나 어르신들의 말씀에 귀를 기울여 왔었다. 가끔은 너무 귀찮고 아프기까지 한 까닭에 외면도 했었지만 말이다. 하지만 어른들 말을 들으면 자다가도 떡이 생긴다는 말처럼, 그런 말씀들은 언제나 도움이 되었다.

(물론, 어르신들이라고 어찌 세상을 다 내다볼 수 있겠는가? 적어도 우리는 그런 사정을 충분히 이해할 수 있는 그런 정도의 예의는 있는 격조 있는 민족이다.)

하지만… 오늘날, 우리 한국에서 이런 뼈아픈 고언을 해 줄 원로가 존재하는가?

그리고, 누군가 나서서, 행여 '우사'를 당할 위험이 있음에도 불구하고 우리가 엉뚱한 길로 빠지지 않게 조언해 줄 환경이기는 한가?

그리고 우리 모두는 만약 누군가 그런 어려움을 무릅쓴다 했

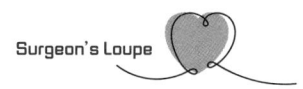

을 때 경청할 자세가 되어 있는가?

   지금 우리는 모두 이 점을 뼈아프게 여겨야 한다… 적어도 나는 그렇게 생각한다.

2021년 코로나 사태 즈음 작성 글

07　In time

"사람은 무엇으로 사는가?"

나는 어린 시절 이 글을 읽고 누구라도 그러했을 법한 그런 감동을 받았다. 비록 초등학교 시절이었지만 톨스토이라는 위대한 작가가 전해주는 큰 울림은 거의 전율을 느낄 정도였던 것으로 기억한다.

이 글에서 작가는 사람은 사랑으로 살아간다고 강조했다. 하지만 그 결론 전에 사람이 가지지 못한 것, 깨닫지 못한 채 지내는 것에 대한 깊은 사려의 글을 안배해 두었다. 그것은 바로 인간은 한치의 앞도 보지 못하고, 신의 섭리를 깨닫지는 못하나 마음속에는 바로 하느님의 사랑이 있다는 것이었다.

소설의 내용 중에 멋진 신사 하나가 구두장이로 살아가고 있는 천사 미하일에게 일 년을 신어도 끄떡없는 튼튼한 구두를 주문하는 장면이 있다. 평소 한 번도 웃지 않던 미하일은 바로 이 대목에서 세 가지 깨달음 중 하나를 얻고 지상에서의 두 번째 웃음을 웃는다.

그는 그 신사의 등 뒤에 서있는 죽음의 천사를 본 것이다. 곧 그 천사가 그를 데려갈 것임을 알았는데 정작 인간은 그것을 모르고 있다는 것이다. 사람에게는 정말 자기에게 필요한 것이 무엇인지 깨달을 수 있는 능력이 주어지지 않았음을 알게 된 것이다.

이야기의 전개가 다소 뜬금없긴 하지만…
흐름을 바꾸어 영화 이야기로 옮겨 가보자. 최근에 나는 "In time"이라는 영화를 우연히 보게 되었다. 이 영화는 내가 좋아하는 (예쁜) 아만다 사이프라이드가 얼굴의 거의 반을 차지하는 눈을 더 크게 뜨고 열연했고, 소위 아이돌 그룹 가수 출신인 저스틴 팀버레이크가 주연을 맡았다. 하지만 그 영화는 누가 주연을 했어도 같은 감흥을 주었을 것이라 생각한다.
감독의 역량도 무시할 수는 없었겠지만 그 영화 시나리오의 내용과 관점 자체가 소름 돋도록 특별한 그 무엇이 있었다.
영화에서는 모든 가치가 다 시간으로 계산되고 소비나 유통 역시 시간을 근간으로 이루어지는 사회를 상정하고 있다. 이 세계에서는 25년까지는 정상적인 성장을 하지만, 모든 사람들이 25세가 되면 더 이상 노화를 멈추고 팔뚝에 심어진 생체 시계에 남은 시간 동안만 생명이 유예된다. 일반적으로 25세가 되는 생일날 생체 시계가 작동하기 시작하면서 유예된 1년의 시간을 까먹으면서 살아가게 되는 것이다.

주어진 시간을 다 소모하게 되면 1초의 여유도 없이 바로 심장마비로 사망하게 된다. 커피를 한잔 마셔도, 버스를 타도 다 자신의 시간을 지불하고, 말하자면 자신의 생명을 갉아먹어가며 살아야 하는 세계인 것이다.

이 영화에서 주인공이 사는 곳은 빈민가로 하루 시간을 벌면 하루를 살고, 그나마 그 시간을 얻지 못하면 살인을 저지르고라도 살아야 하는 살벌하고 처절한 곳이다. 그는 우연히 삶에 싫증이 난 어떤 부자(수천 년을 살 수 있는 시간이 있는)를 만나 그를 도와준 대가로 100년이라는 시간을 얻게 된다.

그들이 위급한 상황에서 극적으로 도망치고 안전한 장소에 이르렀을 때 나눈 대화가 인상적이다. 한 번도 하루 이상의 시간을 가져본 적이 없는 주인공은 그렇게 많은 시간을 가진 사람이 고민하는 것이 무엇인지 이해하지 못한다. 그러나 수천 년을 같은 삶을 살던 사람은 그가 낭비해 온 시간과 그가 직접 본 빈민가의 삶과 죽음에 대해 깊은 회의를 느낀다.

"충분한 시간이 있다면 어떻게 할 건가?"

"글쎄요… 잘 모르지만 적어도 낭비하지는 않을 것 같아요."

"비밀을 하나 알려줄까? 시간은 충분하다네. 누구도 이렇게 죽을 필요가 없지."

이 영화의 줄거리를 다 말할 필요는 없겠다. 하지만 한 가지 대목을 더 말하는 것은 의미가 있을 것 같다.

아만다가 주인공을 처음 만난 자리에서 하는 말이다.

"가난한 사람들은 시간 때문에 죽어가고 부자들은 삶을 낭비하지요. 사람은 어느 누구도 영원히 살면 안 되는 거예요."

결국 그들은 여러 가지 역경을 거치면서 '뉴그리니치'로 이름 지어진, 시간이 모두 모이는 곳, 즉 특권의 중심을 와해하고 시간을 공평하게 되돌리는 영웅적인 모험에 뛰어든다.

영화의 클라이맥스가 마무리 되는 장면에서 그들이 나누는 대화 역시 인상적이다.

그들이 간발의 차로 목숨을 구할 겨우 하루라는 시간을 얻게 되었을 때, 저스틴 팀버레이크는 이런 말을 하며 그들의 미래를 향해 차를 몰고 출발한다.

"하루... 많은 것을 할 수 있는 시간이지."

사실 이 영화는 처음부터 끝까지 한 가지도 버릴 것이 없다 할 정도로 치밀한 복선이 서리서리 얽혀 있다. '뉴그리니치'라는 도시의 이름은 어떤가? 모든 시간이 시작되는 곳, 그리니치 천문대를 지칭하는 말로써 모든 일의 시작점을 지목하고 있지 않은가?

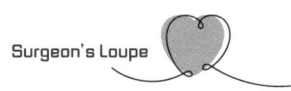

그리고 불과 몇 초 차이로 되돌릴 수 없이 맞이한 어머니의 죽음이나, 그가 친구를 위한답시고 전해준 시간 때문에 알코올 중독으로 죽고 만 친구 등 모든 죽음에 대한 철학과 깊은 사유의 시각도 이 영화에서 느낄 수 있다.

나는 이 영화에서 많은 것을 보았다고 생각한다. 사람의 삶에서 우리가 정작 보지 못하는 깊은 내면과, 단순히 벌어지는 일은 한 가지도 없다는 무거운 진리를 받아들일 준비가 나는 된 것인가?

톨스토이의 위대한 정의처럼, 사람이 살아가는 것이 바로 사랑에 기인한 것이며, 인간이 깨닫지 못하는 것이 바로 운명이라는 그 말을 받아들일 수는 과연 있을 것인가?

시간이 더 필요할 것임은 분명하다.

그러나 나는 과연 내 팔뚝의 생체 시계에 그에 충분한 시간을 가지고 있는가…

사실… 잘 모르겠다. 이것을 깨닫는데도 시간이 필요할 것 같다. 다만 영화 제목처럼 늦지 않게(In time) 깨달을 수 있기만을 바랄 뿐이다.

너무 늦지 않게 말이다.

08 Groundhog day

이 영화를 보았던 것은 언제쯤이었을까? 가물가물할 정도로 오래전 기억으로 남아 있다. 하지만 지금도 잊혀지지 않는 그 내용을 오늘 갑자기 떠올리게 되었다.

이 영화는 코믹 연기의 달인인 빌 머레이가 주연한 영화고 거의 그의 원맨쇼로 이야기를 풀어나가는, 소위 저예산 영화의 대표격인 작품이다. 우리나라에서는 〈사랑의 블랙홀〉이란 이름으로 개봉되었다. 내용은 매년 2월 2일, 우리나라로 치면 경칩쯤에 해당하는 Groundhog day에 있는 어떤 행사를 위주로 신변잡기 같은 구성으로 시작한다.

이날에는 땅돼지(groundhog)라 불리는 marmot (woodchuck)을 잡아서 봄이 언제 올지 물어보는 행사를 하는 전통이 있는데, 이 실없어 보이는 행사를 취재하기 위해 시골 구석으로 가야만 했던 주인공 필 코너스(빌 머레이)는 애초에 관심도 없고 한심하기 짝이 없는 행사에 자신이 끌려간 것에 대해 아주 화가 나 있었다.

목구멍이 포도청이란 말처럼 직장이 걸려 있으니 어찌 하지도 못하고 그저 건성 취재를 하는데, 그의 시니컬한 멘트나 성의 없는 태도로 PD 리타(앤디 맥도웰), 카메라맨 등 동료와 마찰을 빚고 방송을 성의 없이 형식적으로 만들게 된다. 그럭저럭 취재를 마무리 하고 서둘러 그 촌구석을 벗어나고자 했던 주인공은 폭설로 길이 막혀 다시 마을로 돌아오게 된다.

결국 눈이 녹아 길이 뚫리거나 아니면 눈을 치워주는 주정부의 제설작업을 기다릴 수 밖에 없는 처지가 된 것이다. 그러나 미국이란 나라는 선진국이란 명칭이 무색하게도 이런 조치는 정말 느리다. 그리고 이렇게 촌동네까지 행정력이 미칠리 만무한 것은 누구나 다 아는 사실이다.

너무나 한심한 심정으로 술이나 마시고 잠이 든 빌 머레이는 아침이 되자 이상한 일이 벌어졌음을 깨닫는다. 낡은 호텔의 시계가 어제 날짜를 가리키고 있는 것을 볼 때만 해도 그는 낡은 호텔의 낡은 시계 탓으로 생각을 했다. 그러나 거리를 나서서 보니 그날은 바로 어제였고, 어제 자신이 했던 그 방송을 다시 해야 하는 상황이 된 것을 알게 되었다. 동료들도 전혀 모르는 듯 행동하며, 마을에서는 어제와 똑같은 행사를 진행하고 있는 것이었다.

시간이 흐르지 않고 반복되는 마법에 걸린 것이다!

이 얼마나 참신한 비틀림인가?

저 예산 영화가 성공할 수 있는 길이 바로 참신함과 획기적인 발상의 전환임을 여실히 보여주는 대목이 아닐까 한다.

주인공은 이 기이한 현상을 경험하면서 온갖 일을 다 벌인다.

은행 강도, 여자 유혹하기, 싸움을 벌이기도 하고, 축제를 엉망으로 만들기도 하는 등 할 수 있는 모든 나쁜 짓을 다 행하고 아침이면 그 모든 것이 다 무효가 되는 기적을 즐기는 일을 반복한다.

그러나 시간이 지날수록 회의와 절망에 빠진 그는 자살을 기도하나 아침이 되면 다시 낡은 호텔의 침대에서 눈을 뜨고 마는 시간을 반복하게 된다.

그는 그런 심정을 여주인공인 리타에 대한 사랑으로 풀고자 하는 노력을 해 보지만 철저하게 외면당하고 '귀싸대기'를 수십 번 맞는 등 늘 좌절을 경험하게 된다.

결국 아무 것도 할 수 없는 시간의 굴레에 빠져있다는 것을 인식한 그는 조금씩 변화를 꾀하기 시작한다. 반복되는 시간을 이용해서 피아노를 배우고, 시간대별로 생기는 사고현장에 미리 가서 나무에서 떨어지는 악동을 구한다거나 음식을 잘 못 먹어 질식하는 사람을 구해주는 등, 누군가 낭패를 당하는 일을 막아주는 일을 하며 하루를 충실하게 살아가기 시작한 것이다.

이렇게 매일 선량한 일을 하는 것을 반복하다 보니 시니컬하고 자기중심적인 못된 그의 성격도 조금씩 변모해서 그 지역에서 사랑받는 존재가 되어 간다.

물론… 말이 안 된다는 지적질을 하고 싶은 심정도 분명히 있다.

어떻게 온지 하루 밖에 안된 사람이 (시간이 반복되므로 그는 언제나 그 도시의 이방인일 밖에 없지 않겠는가?) 몇가지 일을 했다고 단박에 거리의 모든 사람이 다 그를 알아보고 세인의 깊은 사랑을 받는 인물이 될 수 있겠는가 말이다.

아, 좋은 영화의 감흥을 반감하는 잘못된 행동이란 것을 잘 알지만, 내 생긴 본새가 그런 것을 어찌하겠는가? 이해해 주시길 바란다.

어쨌든 그는 틈틈이 배운 피아노로 공연을 하기도 하고 그 사회의 유명 인사이자 마치 천사와 같은 인물로 추앙을 받게 된다. (참 이해 안 가지만 말이다…) 그런 과정에서 냉담하기만 하던 리타나 동료 카메라맨도 그를 존경하고 사랑하게 되며, 그는 이제 한심해 보이던 Groundhog day 행사에 대해서도 시적인 언어와 따뜻한 마음을 담은 해설을 함으로써 주변을 감동하게 하기까지 만든다. 이에 리타의 마음도 그에게 돌아오고 (이 또한 시간적으로 이해 안되긴 마찬가지이나… 그저 저예산의 한계라 인정해 주도록 하자.) 그는 마침내 그토록 원하던 사랑을 얻게 된다.
그리고 다음날.
무한 반복되던 '오늘'의 굴레를 벗어나 그는 마침내 '내일'을 맞게 된다.

왜 오늘 갑자기 이 영화가 떠 올랐을까?
사실 이 영화에 대한 글을 하나 쓰고 싶었던 까닭에 오래 전부터 자료를 준비해 왔었다. 하지만 오늘 굳이 글을 쓰게 된 것은 눈이 내리는 바깥세상을 바라보며 어느새 바뀐 계절을 나만 인지하지 못하고 있었던 것이 아닌가 하는 묘한 감정에 휩싸였기 때문이다. 마치 내가 시간이 멈춰진 굴레에 빠져 하염없이 시간을 보내고 있는 것은 아닐까?
빌 머레이의 하루가 그렇듯이…

영화에서는 하루를 충실하게 살면 결국 내일을 맞을 것이란 교훈을 주고 있지만, 현실은 그렇지 못할 때가 많다. 우리의 하루는 흐르지 않는 것이 아니되 멈춰진 듯 느껴지는, 더 무서운 상황이란 것이 문제다. 인지하지 못한 사이에 세월은 흘러 저만치 가버리고 다만 우리는 그걸 모른다는 엄연한 현실에 몸서리를 치게 된다.

인지하지 못하는 사이 우리는 떠밀려 가듯 변모하고 과거의 자신은 이미 존재하지 않는다.

우리는 내일을 모른 채 매일 아침 자명종 소리로 하루를 시작하고 똑같이 반복되는 일상만을 본다는 것이다.

그럼, 우리의 내일은 언제 열릴 것인가?

아니 우리는 언제 그 내일이란 게 오는 것을 인지하게 될 것인가?

언제쯤에나 이 대답을 얻을 수 있을지… 눈 내린 초저녁의 감상은 깊고도 깊다.

Surgeon's Loupe

09 화성 연대기

저자의 이름은 기억나지 않는다. 의예과 1학년쯤인가 읽었던, 삼중당 문고의 문고판으로 나온 조그만 책에 실린 소설이었다.

내용은 조금 '이상한' SF였다. 전혀 과학적인 것 같지 않고 오히려 정신과나 심리학적인 관점이 많이 반영된 듯하게 보이는 내용이었다. 가끔, 아주 가끔씩 과학적인 내용이 나오지만 그건 뭐랄까, 양념이지, 본질은 아니었다.

전체적인 내용은 이러하다. 미래의 어느 날, 화성으로 날아간 지구인들이 텅 빈 그 별에 정착을 했는데, 그 정착 단계로부터 이어지는 이상한 사건을 다룬 것이다.

화성에 느닷없는 침입자, 지구인이 도착해서 그 별을 답사한 결과 이미 주인이 사라졌거나 아니면 멸종해 가는 것으로 파악했다. 어디에도 화성인은 없었고, 그들이 남긴 폐허나 오랜 상징들만 남아있는 스산하며 황량한 별이었던 것이다.

그러나 화성인이 사라져 버린 것은 아니었다. 처음에는 화성인, 지구인 모두 서로를 잘 인지하지 못하는 상황이 일어났다. 서로 시간과 공간 차원이 다르거나 혹은 인지(recognition)의 차이가 있어 서로를 잘 파악할 수 없는 상황인 것이다. 그러나 가끔 서로 조우하기도 하는데, 서로 익숙한 개념(concept)만으로 투영된 허상을 볼 뿐이었다. 즉 자신에게 익숙한 모습과 개념만으로 상대를 파악하는 문제가 있었던 것이다.

초기 단계에서는 화성인들이 지구인들을 볼 때는 외부 틈입자로 본 것이 아니라, 화성인들의 특징 중 하나인 '염력'을 이용해 아주 잘 구성된 허구를 만들어 낸 범죄자 이거나, 아니면 정신병자쯤으로 취급했다. 화성에서는 이렇게 사회 질서를 어지럽히는 자들을 처음엔 설득하거나 치료하는 방법을 사용하지만, 너무 악질적이거나, 아니면 너무 병세가 악화된 경우에는 이런 환상과 허구를 주변에 전염시킬 수 있어 바로 죽이는데, 보통 죽고 나면 그가 만든 허상은 모두 사라지게 되는 것이다.

그러나 처음 도착한 지구인을 살해하고 나서도 그들이 공상과 염력으로 만들어 낸 것으로 생각했던 우주선이며, 기구들이며, 사체들까지 전혀 바뀌지 않고 그대로인 것을 본 화성인이 자신도 이미 이 질환에 전염된 것으로 생각하고 스스로 목숨을 끊는다.

그러나 그 장면은 역시 변화가 없었고, 극비리에 이 일은 마무리되었다.

 이후 두 번째 탐사팀이 화성에 도착을 했을 때, 그들이 발견한 것은 바로 자신들의 고향이었다. 분명 화성이란 것을 알지만, 과거 자신들 밖에는 알 수 없는 비밀스러운 모습과 추억까지 다 알고 있는 가족들과의 만남에 모두는 혼란에 빠지게 된다. 각기 다 자신의 가족(이미 사망을 한 사람들까지)을 바로 자신의 고향집에서 (그곳이 어느 지역에 있건 상관없이) 예전 그대로의 젊고, 건강한 모습으로 만나게 되면서 점차 의심의 벽도 없어지고 마치 과거 어느 시간의 어린아이가 된 듯 그 품에 빠져들게 되었다.
 그러나 그 모든 것은 위험한 음모로, 화성인들의 염력으로 꾸며낸 환상이었다. 그 탐사팀을 살해할 목적으로 치밀하게 구성된 덫이었던 것이다. 그러나 이 '덫'은 너무나 완벽했던 것이, 인위적으로 꾸민 것이 아니라 바로 자신이 자신의 모습을 거울로 보듯이 자신의 생각이 바로바로 자신이 원하는 대로의 모습으로 투영되어 보이는 것이었다.
 역시 자신이 '보고자 하는 모습만' 본 것이다.

 시간이 흘러 더 많은 지구인이 화성으로 유입되었다. 지구인들은 화성인이 이미 멸종을 했다고 결론을 내리고 마을을 꾸미고 영역을 확장한다. 화성인의 멸종 원인은 지구로부터 유래된 대상포진(Herpes zoster)으로 확인되었다(이 얼마나 희극적인가?).

바로 이 대목은 중남미 아메리카 인디언이 서양에서 유입된 천연두와 전염병으로 씨가 말랐던 역사를 의미하는 것이다. 그 야만의 역사에 대한 통렬한 비판을 이렇게 희화화하는 작가의 높은 유머감각에 찬사를 보내고 싶은 마음이다.

하지만 실제로는 화성인들이 멸종한 것은 아니었다. 지구인이 화성에 안착하여 식민지를 건설하고 삶을 영위해 나가는 동안 화성의 원주민, 즉 화성인들 역시 그들의 생활을 그대로 이어가고 있었다. 다른 시공간 차원에서 살아가고 있는 까닭에 화성인들 대부분은 지구인들의 틈입을 인지하지 못했고, 가끔 시공간이 맞닥뜨리는 특수한 경우에는 서로 조우(遭遇) 하기도 하는데, 지구인과 화성인 모두 서로 말이 통하지 않고 그것이 무엇을 의미하는지도 알 수 없었으며, 심지어 그것이 꿈인지 현실인지 깨닫지를 못하는 것이다.

서로 손을 내밀어도 공허하게 지나쳐 버리는 환영처럼 여겨지는 것이다. 바로 인지되지 않는 모호한 실체에 대한 모호한 개념만이 전달되어 결국은 실재하지 않는 것으로 파악된다는 것이다.

　나는 당시 이 소설을 읽고 꽤 큰 충격을 받았다.
　적절하게 희화화된 이야기이고 어찌 보면 실없을 수도 있는 그야말로 SF의 본질, '황당함'에 충실한 작품임이 분명하지만, 내가 받은 인상은 그 이야기가 지칭하는 것은 단절된 우리 사회와 사상의 불행한 단면이라 생각했었다.
　물론 이 글이 서양의 제국주의를 시사하는 작품이고, 아메리카 인디언들을 공격하고 그 사회를 말살한 야만적인 '문명'이란 것을 비판한 작품이라는 의견이 지배적이지만, 이런 큰 틀보다 내용에 담긴 것은 바로 현대 인간의 소외와 사회의 단절이라 생각한 것이다.
　실존은 모호하고, 서로 본질을 외면한 채 살아가는 사람들. 그리고 같은 공간 내에서도 서로 달리 흐르는 시간들.
　서로 조우해도 서로 인지하지 못하고, 단지 그때를 벗어나면 쉽게 잊히는 존재들.
　이 글의 내용은 당시 내 생각의 많은 부분을 차지했던 '시간'과 '실재'란 문제에 대한 가장 의표를 찌르는 지적이라 생각했었다.

내가 소위 '철학적 사유'라는 것을 시작할 당시 처음 접한 사상의 '나쁜 영향'으로 실존주의라는 구닥다리 사상에 얽매여 여태껏 헤어나지 못하고 있음을 솔직히 시인한다. 내게 (일생 동안 가져가야 할 듯한) 화두는 늘 실존과 시간이었다. 너무 황당한 것, 어떻게 한다 해도 도저히 움켜쥘 수 없는 그것을 붙들고 있기에 엄청 헤메고 있는 것이 사실이지만, 이 책에서 나는 한걸음을 나아갈 수 있는 실마리를 잡을 수 있었다고 생각한다.

우리의 실존이란 것은 바로 우리가 보고자 하는 것, 우리가 쌓아온 시간의 경험과 개념들의 총화로 투영된, 바로 우리 '생각 속의 모습'이란 것이다. 실제의 모습은 없을지도 모른다. 나란 개념은 나의 '시간'이지 나의 '실체'는 아닐 수 있다는 것이다.

그럼 어떻게 '나'를 찾을 수 있는가? 그리고 어떻게 나의 '시간'과 함께 흐를 수 있는가?

늘 그것이 나의 어려운 숙제다.

소설가 이청준 씨의 〈시간의 문〉이나 이문열 씨의 〈금시조〉 같은 소설들에서 보면 언제나 파국에 이르러서야 이 실재와 조우하게 되던데, 정말 그처럼 어려운 일일까? 무언가 큰일이 일어나지 않고는 도저히 접근할 수도 없다는 것인가?

그래서 늘 그것이 나의 목마름이다.

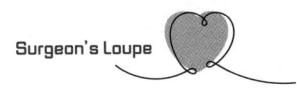

이 가을, 화성에 갓 도착한 신출내기처럼 손을 내밀어도 실체에 도달할 수 없는 안타까운, 그런 목마름의 계절이다.

3장

우리가 살아야 할 나라는?

10　No man left behind
11　어떻게 다스릴 것인가?
12　치러야 할 값은 언제나 같다
13　선시어외 (先始於隗)
14　콩코드 오류
15　동충하초

10 No man left behind

전 세계에서 가장 강한 군대를 보유한 나라는 미국이다.

그 나라는 세계 2차 대전 중반 이후부터는 늘 세계에서 가장 강한 국가로 우뚝 서있다. 물론 땅도 넓고 자원도 많고 일찍부터 발달한 자본주의의 영향으로 엄청 잘 살기 때문에 군대도 돈으로 '칠갑해서' 그렇다는 사람들도 있다.

하지만 그런 나라가 어디 한둘인가? 러시아도 그렇고 중국도 그렇고, 심지어 브라질 같은 나라도 불과 얼마 전까지 미국 알기를 우습게 알 정도였다. 그만큼 강대국으로서의 자신감이 있었다.

게다가 요즘 미국의 위신은 땅에 떨어졌다고 말해도 크게 무리가 없다. 아프가니스탄에서도 아무런 소득 없이 철수했다. 말하자면 베트남전쟁의 데자뷔 같은 장면이다. 이래저래 자존심에 '흠집 가는' 상황이다.

약간 정상이 아니던 전직 대통령(지금은 현직 대통령이 '다시' 되었다.)이 자국을 다시 강하게 하겠다, 미국 최우선 정책을 외치던 까닭도. 그리고 그런 말이 먹혔던 까닭도 여기에 있을 것이

3장 우리가 살아야 할 나라는?

다. 미국이 더 이상 세계를 이끄는 나라가 아니란 의구심 말이다.
 하지만 미국은 뭔가 다른 점이 있다.

 오늘 우연히 신문을 보다 흥미로운 기사를 발견했다.
 뉴욕타임스 기자들이 10년 가까이 한 군인 가족을 취재한 내용이라고 소개되었다. 다큐멘터리 〈Father Soldier Son〉인데 한 가족이 겪은 혹독한 전쟁의 참상을 담아낸 것이다.
 강인한 군인이었던 아버지는 홀로 키우던 어린 두 아들을 뒤로하고 아프가니스탄에 참전한다. 그러나 불행히도 다리에 총격을 받아 불구의 몸이 되고 도저히 말로 표현하기 힘든 좌절과 고뇌와, 그리고 참혹한 시간이 이들을 기다리고 있었다.
 강하던 아버지는 고통 때문에 아들들 앞에서 무너지는 자신의 모습에 절망한다. 자신이 쓸모없는 존재라고도 생각한다. 하지만 그 아버지는 나라를 지켰다는 자부심과 긍지 하나로 버텨 나가고, 아들들에게도 자랑스러운 조국의 군인이 되기를 권한다.

 이 대목에서 대부분의 사람들은 궁금증을 갖기 마련이다.
 도대체 왜?

왜 아무 명분도 없는 전쟁, 패권을 독식하려는 독선과 기망으로 일어난 전쟁에 소모되고 희생당한 사람이 나라에 대해 이렇게 이해하기 힘든 사랑과 충성을 바치는가?

내가 좋아하는 책 〈지구의 정복자〉에는 이런 대목이 나온다. "명예라는 것은 인류의 이타주의적 본능의 가장 미묘한 특징이다. 명예는 원래 덧없는 것이지만 이를 잘 활용한다면 인류문명에 큰 변화를 가져올 수 있는 것으로, 우리 인간 종족을 구원할 수도 있는 이타성의 마지막 무기가 될 수 있을 것이다."

글쓴이의 말처럼 명예란 참 부질없는 것이다. 하지만 우리들은 이 하잘것없는 걸 위해 기꺼이 목숨을 건다. 이 설명하기 어려운 복합적 감정은 다른 동물과 구별되는 인간의 가장 차별화된 특징이라고 생각한다.

그런데, 그 명예란 게… 미국인들에게만 있나? 그건 아니지 않나?

그리고 예를 들어 한국인들에게도 이런 유전자가 있다고 여겨지는 많은 일들이 역사상 있었다. 우리 조상들은 국난이 일어나면 언제나 누가 시키지도 않았는데, 심지어 왕이나 고관대작들이 죄다 줄행랑친 판국에서도 나라를 구하고자 일어났었다. 평소 인간으로 생각하지도 않던 노비들, 백정들까지도 죄다 목숨을 걸고 나서 나라를 지켰다.

그런데 오늘날, 우리 눈에는 왜 이렇게 나라를 위해 목숨을 바친다는 그들, 미국인들이 생경하게 보이는가?

나는 솔직히 이 물음에 대한 답을 굳이 어떤 묘사를 이용해 말하고 싶지 않다.

하지만 내가 오늘 글의 제목으로 택한 바로 그 글귀에서 느낄 것이 있다고 믿는다.

물론 이 간단한 몇 단어로 이루어진 말은 상당히 불합리한 내용을 담고 있다. 영화 〈라이언 일병 구하기〉에서 통렬하게 지적했듯이, 이건 일종의 오류에 해당한다. 마치 '콩코드 오류'의 전형을 보는 것 같다.

하지만 우리는 언제나 모순 속에서 허우적대며 살아가는 존재다.

말도 안 된다고 생각하지만, 내 조국이 나를 저버리지 않는다는 생각을 하면 나는 내 희생이 자랑스러울 수도 있을 것 같다.

"No man left behind."
이 짧은 말이 오늘 내 심금을 울린다.

11 어떻게 다스릴 것인가?

춘추전국 시대는 많은 철학과 사상이 눈부시게 발전한 시기였다. 하지만 왕조가 바뀌고 많은 나라가 우후죽순과 같은 기세로 일어설 무렵, 많은 전쟁과 충돌로 백성들은 고난을 겪어야만 했던, 말하자면 참 아이러니한 시대였을 것이다.

가혹한 학정으로 민심을 잃은 기성 권력, 혹은 정부와 이와는 반대로 민심을 이해하고 진정으로 긍휼히 여기는 세력이 만났을 때, 역사는 언제나 극적인 장면을 연출한다. 오늘 다루고자 하는 장면은 바로 그런 대목 중 하나다. 강성하던 은나라를 멸망시킨 주나라에는 역사상 신흥 강국에서 공통적으로 보이는 특징이 많이 있었다. 소위 하늘과 땅과 사람의 도움으로 일컬을 수 있는 '완벽한 조합'이다.

고공단부(古公亶父)는 세 아들이 있었는데, 모두 어진 이들이었다. 그중 막내아들인 계력(季歷)이 아들을 낳았는데, 이름이 창(昌)이었다. 이 아이에게서 성군의 기상을 본 할아버지 고공단부는 창에게 나라의 미래를 맡기고 싶었다. 하지만 그러자면 막내인 계력에게 자리를 물려주어야 하는데, 이 결정은 참 어려운 결정이었다.

이 때에 아버지의 뜻을 알아차린 첫째 아들 태백(太白)과 둘째 우중(虞仲)은 남쪽 오랑캐 땅인 형만(荊蠻)으로 도망쳐 버렸다. 그리고 아버지의 뒤를 이을 수 없도록 스스로 머리를 깎고 몸에 문신을 새겨 계력에게 자리를 양보했다. 그리고 이 둘은 나중에 오(吳) 나라의 시조가 된다.

이렇게 쌓은 양보와 덕업으로 창이 서백(西伯, 서쪽을 지배하는 수령.)이 되니, 이가 바로 나중에 은을 멸망시키고 새로운 세상을 여는 주나라의 시조가 되는 주문왕(周文王)이다. 하지만 주문왕은 원래 칭왕(稱王) 하지 않았다(문왕이라는 칭호는 아들 주 무왕이 은을 멸하고 주나라를 세운 후 추시(追諡)하여 높인 것이다.). 다만 선비로서, 그리고 백성을 걱정하는 신하로써 잘못된 점을 바로 잡으려 했을 뿐이다. 이렇게 덕으로 민심을 얻은 그를 존경하여 귀순한 나라가 40개에 이르렀다.

하루는 서백이 사냥을 나서는데, 점괘에 이르기를

"오늘 사냥은 대길할 것이며, 서백께서 잡으실 것은 용도 이무기도 아니고, 곰(熊), 큰 곰(羆), 호랑이나 비휴(羆貅 : 비비라고 발음한다.)도 아니다. 임금께서 얻으실 것은 장차 임금을 보필하여 패왕(覇王)이 되게 도울 사람이다."라고 나왔다

서백이 사냥 중 만난 인물이 바로 여상(呂尙)인데, 성이 강(姜)

씨인 그는 곤궁에 쪼들리고 연로한 사람으로 각지를 방랑하다 주나라 땅에 와 있었다. 서백이 여상과 함께 대화를 나누고는 이 야말로 점괘가 예언한 바로 그 사람임을 깨닫고 바로 수레에 태워 스승의 예로써 함께 모시고 돌아왔다.

서백은 말하기를

"내 조부이신 태공께서 늘 말씀하시길, 성인이 주나라로 오는 날에 그로 인해 주나라가 흥성하리라 하셨는데, 선생이 바로 그분입니다."

라고 하여 그의 호가 태공망(太公望. 태공이 간절히 바라던 인물이라는 뜻.)이 되었고 임금의 스승, 즉 태사(太師)로 높이 받들어졌다. 이때부터 그는 강태공이라는 이름으로 널리 불리게 되었다.

서백이 죽고 뒤를 이어 무왕이 등극하고 나서 강태공과 무왕의 동생인 주공 단(周公 旦)은 그를 보필하여 은나라를 멸하고 주나라를 굳건하게 세웠다. 이후 태공망 여상은 제나라를 봉지로 받았고, 이 지역은 강(姜)씨 왕조로 춘추시대의 강자로 시대의 주역이 된다.

주공 단은 형인 문왕을 보필하였을 뿐만 아니라 조카인 성왕이 성장하여 왕위를 굳힐 수 있을 때까지 섭정으로 최선을 다해 보필하여 나라를 반석에 올려놓는 업적을 쌓았다.

그는 노(魯) 땅을 봉지로 받았는데, 왕을 보필하느라 그의 아들 백금(伯禽)을 영지로 내려 보내 다스리게 하였다.

주공 단이 아들 백금을 영지로 보낼 때, 이렇게 훈계했다고 한다.

"나는 문왕의 아들이고, 무왕의 동생이며, 현재 임금의 숙부다. 하지만 나는 한번 머리를 감는 중간에도 세 번이나 머리를 움켜쥐고 일어나 어진 사람을 대하였고, 한 끼 식사 중에도 세 번이나 입에 물었던 음식을 뱉고 일어나 현명한 선비를 대접했다. 그렇게 하면서도 천하의 현명한 사람을 혹시라도 잃지 않을까 걱정을 하였다. 아들아, 너도 이제 노나라에 가면 신중하게 행동하고, 지위가 임금이라고 교만하면 안 된다. (我文王之子武王之弟 今王之叔父 然我一沐三握髮 一飯三吐哺起以待士 猶恐失天下賢人 子之魯 慎無以國驕人)"

참으로 현명한 위인이자 엄격한 아버지였던 것이다.

그렇게 아들을 보냈는데, 아들인 백금은 노나라를 다스린 지 3년이 지나서 정무보고를 해 왔다. 주공이 어찌하여 이렇게 정

무보고가 늦었느냐고 묻자 백금은 답하기를

"그 나라의 풍속을 고치고, 예절과 제도를 개혁하고 상복도 3년 만에 벗도록 교정했습니다."

라고 하였다.

이 일이 있기 전에 건국에 뛰어난 공을 세우고 제나라를 봉지로 받은 태공망 강여상은 부임한 지 5개월이 지나자 정무보고를 했었다. 주공이 묻기를

"어찌해서 이렇게 빠른 보고를 할 수 있단 말이오?"

하자 강태공은,

"저는 임금과 신하 사이에 지킬 예절이나 제도를 간소화하고 제나라의 종전의 풍속을 존중하여 그대로 지키도록 하였습니다."라고 보고한 바 있었다.

이 상반된 두 나라의 상황을 본 주공 단은 이렇게 탄식했다고 한다.

"노나라는 후세에 이르러 북면(北面)하고 제나라를 섬기게 될 것이다. 무릇 정사는 간략하고 평이하지 않으면 백성을 가까이 할 수 없다. 평이하고 백성을 가까이해야 백성들이 귀의할 것이다. (後世北面事齊乎 夫政不簡不易民不能近 平易近民 民必歸之)"

한편, 주공 단과 강태공이 나눴다는 정치 철학에 관련한 대화도 참 느껴지는 것이 많다. 오늘날까지도 큰 교훈이 된다 할 수 있다.

주공이 강태공에게 물었다.

"공은 어떻게 제나라를 다스리시겠습니까?"

강태공이 답하기를,

"현인을 존중하고 공을 세운 사람을 높이겠습니다. (尊賢而尙功)"라고 하였다.

그러자 주공이 평하기를,

"그러면 후세에 반드시 나라를 찬탈하고 임금을 죽이는 신하가 나올 것입니다. (後世必有簒殺之臣)"라고 하였다.

그러자 강태공이 주공에게 묻기를

"그럼 주공께서는 어떻게 노나라를 다스리시겠습니까?"

주공은 이에 답하기를,

"현명한 사람들을 존경하고 일가친척을 친애하겠습니다. (尊賢而親親)"

그러자 강태공은 평하기를,

"그렇게 하면 후대에는 점차 나라가 쇠약하게 될 것입니다. (後寖弱矣)"라고 했다고 한다.

이 두 '지독한 사람들'의 대화를 듣자니, 상당한 내공과 서로 한치의 빈틈도 없는 견제가 느껴지지 않는가? 그러면서도 서로 예의를 벗어나지 않는, 진정한 고수들의 대화라고 느껴진다.

실제로 제나라는 후대에 이르러 신하가 역성반란을 일으켜 강 씨 왕족에서 전 씨 왕조로 변했고, 노나라는 약소국으로 전락하여 늘 외세의 침략에 시달렸다고 한다.

이 모든 일화는 비록 3000년보다도 훨씬 이전에 일어난 일이지만 오늘날에 비추어 보아도 전혀 손색이 없는 교훈을 우리들에게 느끼게 해 준다.

무릇 정치란 그런 것일 테다. 작은 한 단체를 움직이는 일이나 큰 기관이나 한 나라를 움직이는 일을 하는 사람들은 마땅히 알아야 할 내용이다. 일을 처리하고 계획을 세우는 일은 군더더기 없고 형식에 치우치지 않게 간략하고 이해하기 좋아야 많은 사람들이 따를 것이다.

현명한 인재를 모으고 역량을 발휘할 수 있도록 적절한 조율을 하는 일에 최선을 다해야 한다. 그리고 권위보다 솔직하고 소탈하게 다가가고 상호 이해가 가능하도록 노력해야 한다.

마음으로 따르지 않고 권력의 힘에 의해 구성된 조직은 조금의 충격에도 쉽게 무너진다. 이 또한 우리가 역사에서 얻을 교훈이 많다. 힘으로 일어나 억압으로 유지하고자 했던 왕조들은 결국 겨우 몇 세대를 지나지 않아 역사가 되고 말았다.

For further and deeper learning : 新完譯 십팔사략(十八史略) - 명문당

12 치러야 할 값은 언제나 같다

지금 전 지구적인 위기를 이야기하는 사람들이 많다.

그들의 위기의식과 일반인들의 생각은 서로 상통하는 부분이 많고, 또 애국심을 훨씬 더 넘어선 수준의 지구를 사랑하는 마음은 전 인류적인 반향을 불러와서, 우리는 스스로 각성하고 많은 불편함을 감수하고라도 우리의 행동을 변화시키고 있다.

질서 정연한 쓰레기 분리수거, 일회용품 줄이기, 플라스틱을 줄이기 위해 맛(대가리) 없는 커피 감수하기, 등등. 최근 우리의 삶은 수많은 변화에 동행 중이다.

하지만 한번 생각을 해 보면 어떨까?

내가 좋아하는 아.아.(Iced Americano)의 우수함을 방해하는 종이 빨대를 먼저 따져 보자. 이 종이 빨대는 일단 커피의 향과 맛을 극도로 저하시킨다(최근 내가 커피를 줄이는데 지대한 공헌을 한 바 있다.).

그럼에도 우리는 '지구를 사랑하는 마음'으로 그 모든 불편함을 감수하고 있다.

하지만 조금만 더 생각해 보면, 플라스틱을 사용하지 않으면서 생기는 일은 우리가 믿고 있는 것과는 조금 다르다. 우리가 감수하는 불편을 넘어서는 더 큰 일이 분명 있다.

가장 크게는 비용이 상승한다. 플라스틱이 개발된 계기가 된 것이 일정한 수준의 품질을 저렴한 가격으로 유지할 수 있는 장점이 있고, 방수가 유지되는 편리함이 있었기 때문이었다. 그래서 단시간 내에 세계를 석권하게 된 것이다. 하지만 이제 와서 그게 썩지 않고 골칫거리인 쓰레기를 양산하는 주범으로 지목받아 배척되고 있다는 상황인 것이다.

대안으로 제시된 종이 빨대는 그럼 어떠한가?

일단 맛이 없고, 내구성도 없고, 멋도 없는, 정말 이게 뭔가 할 정도의 수준인 것은 분명하다. 단 하나 장점은 썩는다는 것인데, 우리가 커피를 마시는 그 짧은 시간에 벌써 썩어가고 있는 게 아닌가 하는 의구심이 들 정도이니, 그 점 하나만은 칭찬할 만하다 하겠다.

하지만 이걸 생산하기 위해 드는 재료는 어떻게 할 것인가? 수도 없이 많은 나무가 베어져야 하지 않겠나? 또, 비용이 많이 든다는 문제는 잘 생각해 보면 에너지 문제와 직결될 수 있다. 생산에 드는 에너지 문제는 어떻게 할 것인가?

이왕에 커피 이야기가 나왔으니 텀블러 이야기를 해볼까? 텀블러를 생산하는데 드는 에너지는 우리가 간과하고 있는데, 과연 얼마의 커피(혹은 음료)를 먹어야 비용-효율면에서 적절할 것인지?

참 답이 없는 것 같지 않은가?

그럼 이 이상한 상황의 해결책은 없는가?

옛날 만화의 한 장면을 떠올려 보자.

기억하시는 분들이 있을 것인데, 그 만화는 〈미래소년 코난〉이란 제목의, 미야자키 하야오 특유의 문제의식을 담고 있는 만화였다. 1978년에 만들어져 연재되었다는 게 믿어지지 않을 정도로 빼어난 작품이었다. 배경은 2008년에(!!) 전 지구적인 전쟁으로 대륙이 바다에 가라앉은 지 20년이 지난 시점이다. (이 만화의 배경 시간대가… 헉! 앞으로 몇 년 밖에 안 남았다!!!)

여기서 그 만화를 다 이야기할 필요는 없다고 생각한다.

내가 기억해 낸 대목은 연료를 만들고, 심지어 음식을 만들기 위해 플라스틱을 캐어내 쓴다는 내용이다. 쓰레기 더미를 뒤지다 플라스틱이 발견되기라도 하면 마치 횡재를 한 듯한 장면이 인상 깊었다.

당시 나는 언젠가는 이런 날도 올지 모른다는 생각을 했었다. 그리고 거의 40년 정도 지난 요즘, 플라스틱을 이용해 다시 석유를 만드는 산업이 등장했다고 들었다. 이제는 천덕꾸러기가 도시의 유전으로 재평가될 시간이 된 것이다.

하지만, 여기에도 문제는 있다.

여전히 에너지가 문제다. 석유를 얻자고 플라스틱을 가공하자면, 필연적으로 에너지를 쓸 수밖에 없다. 그럼 그게 무슨 도움이 될까?

요즘 각광받는 에너지 산업 중에는 단연 수소가 일등 주자인 것은 분명하다.

수소는 에너지를 저장할 수 있는 효율이 아주 좋은 물질이다. 단위 무게당 더 많은 에너지를 낼 수 있는 장점이 있다. 게다가 태우고 나면 물만 남는다. 그러니 이만한 친환경이 있을 수 없다. 이게 바로 대중들의 생각일 것이다.

하지만 역시, 이 액체 수소를 생산하기 위해 써야 하는 에너지를 생각하면, 이야기는 완전 딴판이 되고 만다.

내가 고등학교 다닐 땐가, 이런 방송을 본 적이 있었다.

한국의 사기꾼 집단이 태평양의 어떤 섬나라에 가서 물을 이용해 에너지를 생산해 주겠다는 사기를 쳤다는 보도였는데, 기억이 좀 가물가물하지만, 아마도 요즘의 〈그것이 알XXX〉, 혹은

〈PD XX〉 뭐 이런 종류의 방송이었던 것 같다.

그들은 의심을 사자, 바닷물을 전기분해해서 한쪽에서 생산되는 수소에 불을 붙여 보이고는 엄청 안도와 만족을 드러냈었다. 기자가 무슨 질문을 하자,

"방금 불붙는 거 봤지? 그럼 이야기 끝난 거야!"

이런 자신감을 보였다.

당시 나는 고등학생에 불과했지만, 그건 말도 안 되는 소리라고 생각했다. 겨우 불을 붙이자고 전기를 써야 하는 게 불합리하다고 본 것이었다. 저런 사기꾼들을 옹호하는 건 있을 수 없다 분개하고 있었는데, 그 방송 말미에 한 교수가 등장해서 한 말이 내 의구심과 분노를 한방에 다 날려 주었다. 그는 이렇게 말했다.

"가장 이상적인 에너지가 전기인데, 굳이 뭐 하러 물을 분해해서 그런 짓을 하죠? 그냥 전기난로 쓰면 되는데?"

바로 그거다.

수소가 아무리 깨끗해 보여도 그걸 생산하기 위해 드는 비용을 생각하지 않을 수 없다. 석유를 배척하기 위해 석탄, 혹은 원자력을 써서 전기를 생산해야 하는 건 과연 옳은 일인가?

이런 말을 하면 혹자들은 그래서 태양열이 중요하지 않느냐

지적할 수 있을 텐데, 그 태양열을 생산하기 위한 설비는 그냥 하늘에서 뚝 떨어지는 게 아니란 것을 생각해야 한다.

언젠가 내가 쓴 글 중에 수학의 중요성을 이야기했던 내용이 있었다. 제목은 〈수학의 가치〉였다.

그 내용의 한 가지는 어떤 목적을 달성하기 위해 드는 에너지의 총량은 동일하다는 것이었다. 어떤 상황에서건 어떤 가치나, 혹은 효과를 얻으려면 치러야 하는 비용은 늘 같다.

결국 우리가 어떤 목적을 달성하기 위해 써야 하는 에너지는 언제나 동량이다.

그건 아무리 악을 써도 바꿀 수 없는 것이다.

다만 아껴쓰고 조심하는 것이 더 중요한 것이지, 뭔가를 인위적으로 바꿔서 획기적인 전환이 일어나기는 어렵다는 말이 되겠다.

Surgeon's Loupe

13 선시어외 (先始於隗)

옛날 전국시대에 연나라는 북방에 위치하고 있어 언제나 변방의 미미한 존재였다. 늘 주변 강대국과 오랑캐의 침입을 받았고 연소왕(燕昭王)이 즉위할 무렵에는 최악으로 제나라에게 영토의 반 이상을 빼앗기고 국력이 피폐한 상황이었다.

총명한 왕이었던 소왕은 신하들을 모아 나라를 부강하게 할 계책을 물었다.

당시 재상이던 곽외(郭隗)가 나서 뜬금없는 소리를 했다.

"옛날 어느 나라에 임금이 천리마를 갖고 싶어하였습니다. 아무리 구하려 애를 써도 구할 수가 없었는데, 한 신하가 자신이 구해오겠다고 자청을 하므로 그에게 천금을 주고 일을 맡겼사옵니다.

그러나 수소문 끝에 천리마가 있는 곳을 알게 된 그 신하가 달려갔을 때는 이미 그 천리마는 죽고 말았습니다. 그러자 그 신하는 죽은 말의 뼈를 오백금이나 주고 사 왔습니다. (매사마골 買死馬骨)

이 행동에 진노한 왕은 '이런 미친놈을 보았나! 죽은 말뼈다귀를 사오다니!' 하며 크게 꾸짖었습니다.

그러자 그 신하는 '왕께서 천리마를 사랑하사 죽은 말의 뼈에까지 오백금을 들이신다는 것이 알려졌으니 곧 왕께서는 천리마를 가지게 될 것입니다' 하고 말하였사옵니다.

그로부터 1년이 지나지 않아 왕은 천리마를 세필이나 갖게 되었다 하옵니다."

재상쯤이나 되는 사람이 이런 황당한 소리를 하자 어리둥절한 좌중이 웅성거리는데, 왕이 되물었다.

"아니 재상은 무슨 소리를 하는 것이오? 지금 이 상황이 이렇게 한가해 보인단 말이오?"

그러자 곽외는

"만약 왕께서 인재를 얻고자 하신다면 주변의 사람을 아끼고 대접하옵소서. 하찮은 자들까지 아끼신다는 소문이 나면 어진 현재(賢材)가 천리길을 마다하지 않고 몰려들 것입니다."

"그럼 어찌하면 되겠소?"

"先始於隗."(바로 외(郭隗자신부터)로부터 시작하십시오 라는 뜻이 되겠다.)

왕은 이 충고를 성실히 따랐고, 곽외를 위해 대를 짓고 스승으로 예우하였다.

이 일이 널리 알려지자 조나라의 명장 악의가, 음양설의 비조인 추연이, 그리고 극신이라는 탁월한 정치가 등 수많은 인재가 연나라로 몰려들었다.

이들의 능력과 보필로 소왕은 드디어 제나라에 설욕하고 나라를 중흥시키고 패자로서 높은 명성을 역사에 남길 수 있었다.

중년쯤 되는 한국의 남성들 대부분이 역사를 좋아하는 것과 마찬가지로 역사는 언제나 내가 가장 좋아하는 주제 중 하나다. 지금 앞에서 이야기한 내용은 십팔사략(十八史略)이란 꽤 묵직한 책을 읽다 발견한 내용인데, 흥미롭기도 하지만 상당히 울림이 있는 내용이라 생각했다.

미국에서 돌아올 무렵 미래에 대한 그림을 그려 보면서 (한국에선 이런 한가한 생각을 할 정도의 시간은 상상하기 힘들다.) 이 이야기의 내용이 머릿속에서 떠나질 않았다. 그래서 우리 학회에서 연수를 다녀온 내게 '귀국 보고' 형식으로 특별히 허락한 시간에 이 야기를 주제로 한 강의를 했다.

사람들의 반응은 무척 좋은 편이었지만, 일부 '이 인간이 이제는 아주 멀리멀리 나가는구나…' 하고 생각하는 사람들도 많았다고 한다.

어느 날, 비뇨기과를 전공한 선배 한 분을 만났다. 이 선배는 박사학위를 경영학으로 번은 독특한 분인데, (의대에서 다른 학과의 박사를 받는다는 것은 거의 불가능하기도 하고, 또한 전혀 상식적이지도 않다.) 내가 아주 좋아하는 분이고, 대부분의 의대 출신들과는 다르게 배울 게 많고, 대화를 함께 나누다 보면 마음이 시원해지는 느낌을 주는 그런 분이다.

(아, 의대 출신 선배들이 다 배울 게 없고 답답하다는 의미는 아니다. 오해하지 않기를 바란다.)

같이 술 한잔 하면서 이런저런 이야기를 하다 이 이야기를 꺼냈다. 다양한 경험과 박식하기 이를 데 없는 이 선배도 이야기만은 처음 듣는 모양인지 무척 재미있어 했던 기억이 난다.

그럭저럭 취해가던 중에, 선배가 난데없는 질문을 던졌다.

"너의 천리마는 무엇이냐?"

이것은 내가 한 번도 해보지 않은 생각이었다. 그저 주변부터 차근차근 정비하고 준비해 나가는 것이 중요하다는 생각이었지, 천리마에 까지 생각이 미치지는 많았던 것이다.

"글쎄요… 아직 생각해 본 적이 없어서요. 형님은 어떤 것입니까?"

"아까 네 말을 듣고 나서 나도 쭉 생각을 해 봤는데, 나도 잘 모르겠더라. 그래서 너는 어떤지 물어 본거야."

"그러게요, 그럼 그게 뭘까요?"

"그걸 우리가 찾아야겠지. 그런 거라도 해야 우리가 하릴없이 술 처먹고 흰소리나 해대는 이상한 꼰대로 보이지 않을 테니깐."

그랬다. 그 말씀이 너무나 옳은 것이었다. 내가 좋아하는 대화나 소위 격조 있는 토론이라 생각하는 것들이란 게 죄다 '흰소리' 나부랭이가 아니었을까?

나 역시 지금은 의학에 몸담고 있지만 내 정신세계는 이렇게 협소하고 답답한 대학이나 병원 언저리에만 국한된 것이 아니라는 것을 과시하고자 애써 과장된 흰소리나 해대는 한심한 '꼰대'는 아니었을까?

요새 한국 사회에서는 느닷없이 인터뷰 같은 것을 하더라도 한 2분 스피치쯤은 문제도 없이 할 정도로 누구나 다 세련되고 소위 '말발'도 센 것 같다. 게다가 '교수짜리' 정도 되면 이 '구라빨'은 상상을 초월할 정도가 된다. 애초에 자기 생각이 없는 상황에서도 잠시 잠깐동안 주워들은 말만 가지고도 유려한 문장의 논리적인 연설문을 작성할 수 있다. 이래서 교수집단이 세상에서 제일 다루기 힘든 집단이라 하는 것이리라.

하지만 이렇게 매끈매끈한 문장을 만드는 재주가 있다 한들 '천리마'를 찾지 못한다면, 문장 속에 담긴 참뜻을 이룰 의지가 없다면, 이 얼마나 희극적인 '사치'인가?

선시어외, 참으로 처음부터 다시 시작할 일이다.

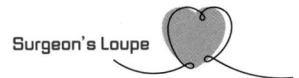
Surgeon's Loupe

14 콩코드
오류

어릴 적 읽은 우화에 '돌국'이란 것이 있었다.

한 나그네가 추위에 지쳐 어느 집에 하룻밤을 의탁하게 되었는데, 인색한 집주인이 음식을 나누어 주려 하지 않는 것이었다. 나그네는 집주인에게 그저 큰 냄비 하나를 부탁하며 "제가 돌국을 끓이려 합니다." 하고 말했다.

신기한 말에 호기심이 동한 주인은 어떻게 하나 하고 지켜보니 그저 냄비에 물을 붓고는 큼지막한 돌덩이 몇 개를 넣고 끓이는 것이 아닌가?

"아니 그래서 맛이 나겠어요?"

"아닙니다. 조금만 기다려 보시면 기가 막힌 맛이 날 겁니다. 그땐 좀 나누어 드리지요."라고 나그네는 말했지만 주인은 오히려 몸이 달아서 양념이며 채소며 고기를 가져와서 조금씩 국에 넣기 시작했고, 나중에는 이것저것 가리지 않고 다 집어넣어서 아주 걸쭉한 국이 완성되었고 나그네는 한 끼를 아주 포식했다는 이야기다. 나그네의 기지가 돋보이는 이야기이고 욕심 많은 주인을 풍자한 이야기다.

하지만 이 이야기는 다른 관점으로도 생각할 수 있다. 돌국을 끓인 나그네는 원래의 내용 그대로 이해하면 될 것이지만, 신기한 돌국을 맛보기 위해 조금씩 끌려들어 가 결국 많은 손해를 입은 주인에 대한 관점이다. 그는 단순한 생각과 호기심만으로 포기를 하지 못하고 결국 그 신기한 국의 맛을 조금 보는데 그쳤을 것이다. 자신의 모든 비용을 들여서 말이다.

다른 이야기를 한 가지 더 하는 것이 좋겠다.
프랑스의 유명한 콩코드 비행기에 대한 이야기다. 이 비행기는 역사상 유일한 초음속 여객기였다. 다들 조금 착각을 할 수 있는데, 우리가 타고 다니는 비행기는 초음속 비행을 하지 않는다. 당시 이 비행기에 거는 사람들의 기대는 어마어마한 것이었다. 유럽과 미국을 단 두 시간 정도에 다닐 수 있는 꿈의 항공기였으니 말이다.
그런데 이 비행기는 치명적인 약점이 있었다. 오존층을 파괴한다는 우려는 별 게 아니었지만 너무나 비용이 많이 드는 것이었고, 따라서 항공비용이 어마어마하게 비싸지니 일반 사람들은 엄두를 못 내고 수요가 거의 생기지 않았다. 하지만 회사는 이 꿈의 비행기에 미련을 버리지 못하고 계속 투자를 늘려가다 결국 감당을 하지 못하고 이 사업을 포기하고 말았다.

현재 이 비행기는 프랑스 파리의 드골 공항 주변을 지키는 하나의 상징물로 전락하고 말았다. 이 사업적인 실패에 대해 경제학자들은 콩코드 오류(Concord fallacy)라는 명칭을 붙였다. 다른 말로는 매몰비용 오류(sunk cost fallacy)라고 부른다.

우리 주변에서 이런 일은 자주 볼 수 있다. 예를 들어 우리가 어떤 영화를 선택해서 표를 사고 극장에 앉았다고 치자. 그런데 이 영화가 정말 재미가 없는 것이다. 그러면 우리는 어떤 행동을 할까? 우린 대부분 이럴 때 극장비가 아까워서 그저 앉아서 졸더라도 그 영화를 끝까지 보고야 만다.
하지만 경제학적으로는 이것을 어리석은 일이라 말한다.
그 시간에 다른 창의적인 일을 하면 더 가치가 있을 텐데, 그저 들인 돈이 아까워서 그 시간마저 낭비하게 된다는 것이다. 개인이 어떤 의사결정을 한 후에 그것이 만족스럽지 못한데도 이전에 투자한 것이 아까워서, 혹은 그런 의사 결정을 한 것을 정당화하기 위해서 더욱 깊이 개입해 가는 것이다.

사람들은 가끔 자신의 행동을 정당화하는데 급급해서 눈앞의 일을 직시하지 못하는 경향이 있다. 사실, 자신에 과거에 내린 결정을 후회하는 일은 좀처럼 쉬운 일이 아니다. 그 당시의 결정은 자기가 가진 모든 판단력과 상황파악으로 일구어낸 것이었기 때문이다.

나는 사실 그런 주의다. 내가 과거 내린 결정을 다시 곱씹는다거나 후회하는 것이 가장 어리석은 일이라 생각한다. 그래서 내 행동을 조금 뻔뻔하다거나 건방지다고 생각할 소지가 있다는 것도 잘 안다. 하지만 내 정신건강에는 그것이 더 유리하다고 늘 생각해 왔다.

하지만 오늘 든 생각은, 내가 길고 긴 시간 동안 누구나 다 겪는 이 오류에 빠져 있었다는 것이다.

사람들은 과거를 교훈이라 여기고 미래를 계획할 때 어리석은 오류에 빠지지 않으려 노력한다. 그리고 그렇게 하면 성공적일 것이라 믿는다.

그러나 우리 사람들은 모두 자기 정당화, 그리고 집착이라는 오류의 유전자를 내재적으로 가지고 있다. 이런 내재된 위험으로 인해 우리는 늘 위험한 행보를 걷게 되고 결국 비싼 대가를 치르고 나서야 다시 깨달음이란 원점에 도달하게 되는 것이다.

포기해야 할 일을 놓지 못하고, 조그만 가능성을 보고 그에

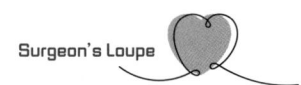

집착하여 결국 막대한 희생을 치르고 조그만 상징물 하나로 남은 콩코드 비행기처럼 말이다.

15 동충하초
(冬蟲夏草)

이 특이한 한약재는 우리 일반인들에게 알려진 게 그다지 오래되지 않았다.

처음 방송매체를 보며 접하게 된 이것은 정말 신기하기도 했고, 비싼 중국요리에 사용된다는 설명과 마치 후광처럼 줄줄이 이어 나오던 '효능'으로 많은 사람들의 관심을 증폭시켰었다.

겨울에는 곤충이다가 여름이 되면 식물로 변한다니!

하지만 나는 처음 이 말을 듣는 순간 바로 이게 곰팡이 종류구나 하는 생각을 했었다.

몸에 붙어있던 곰팡이류가 곤충이 죽으면 그 자리에서 자라나와서 마치 식물처럼 보이게 되는 것이라고 판단했었다.

나중에 설명을 찾아보니, 이것은 곰팡이와는 조금 다르고, 곤충에 기생하는 버섯종류라고 했다.

하지만, 버섯이나 곰팡이는 다 같은 균류로서, 조금 형태만 다를 뿐이니까, 내 생각이 아주 틀린 것만은 아니었던 게다.

이런 비슷한 이야기에 관심을 가졌던 때가 있었다.

'기생'이라고 하는 특별한 공생과 관련한 내용인데, 내가 자주

하는 강의 중에 '생명의 기원'이라는 부분이 있다.

  그 내용은, 처음 지구라는 별에 생명이 탄생하던 장면에서 시작한다.

  당시 지구의 환경은 어찌어찌 생명이 탄생할 수 있는 환경이 갖춰졌다고는 하나, 그 생명체들이 살아남기는 너무나 혹독한 환경이었다.

  그리고 태어난 생명체들도 너무나 허약하기 그지없어서 바로바로 소멸되어 가고만 있었다.

  그러던 중 우연한 계기에 우리의 조상이 되는 단세포 생물에 기이한 일이 벌어지게 되었다. 세포 내부로 이상한 생명체가 침투해 들어온 사건이다.

  그 생명체는 지금도 독자적인 DNA를 가지고 자기 복제를 하고 있으며, 후대에 자신 고유의 유전적 정보를 전달하고 있다.

  이 생명체는 조상 세포와 마찬가지로, 아니 오히려 더 허약해서 소멸될 수밖에 없는 운명이었는데, 세포막을 뚫고 들어오면서 적절한 보호를 받게 되었고, 그 보상으로 에너지를 생산해서 '숙주 세포'에게 생명을 이어갈 수 있는 힘을 주었다.

  그것은 바로 미토콘드리아(Mitochondria)다.

  이것이 우리의 시작이다.

이런 이야기가 '기이하다'는 것은 기생이 독특한 형태의 상호 보완적인 이점을 주는 '공생'이라는 관계로 정립됐다는 것이다.
 그 결과 우리는 발전에 발전을 거듭하여 오늘날까지의 진화를 이어가고 있다.
 이는 참 바람직한 관계지만, 전혀 반대의 결과를 낳는 기생이 무수히 많다.

 내가 학생 때 제일 싫어하던 과목이 몇 있는데, 그 중 기생충학은 Top 3 안에 드는 것이다. 하지만, 기생충을 만지거나 해부 따위를 하지 않고 그 스토리만 놓고 보면 상당히 흥미로운 부분이 많다.
 그중에서 가장 충격적인 것이 기생충이 살아있는 숙주의 행동양식을 바꾸기도 하고, 심지어 죽은 개체도 움직이게 만든다는 내용이다.
 그중에서 가장 대표적인 것이 톡소플라스마충(Toxoplasma gondi)이다. 이 기생충은 최종 숙주가 고양이인데, 고양이의 소화기관 내에 도착해야 유성생식을 하고 알을 낳을 수 있다. 알은 고양이의 배변을 통해 포자 형태로 배출되는데, 이를 먹은 중간 숙주가 다시 고양이에게 먹혀야 생활환(life cycle)이 완성된다.

고양이의 주요 먹이인 쥐는 이 톡소플라스마 포자에 감염되면 신경계통의 이상이 생겨서 고양이를 두려워하지 않게 되고 오히려 도발하고 '겁을 상실한' 무모한 행동을 해서 쉽게 잡아먹히게 된다. 이것은 기생충이 자신이 살아가기 위해 중간 숙주인 쥐의 행동을 변화시키는 전형적인 예라고 할 수 있다.

또 다른 예도 있다.

구두충(spiny-headed worm)은 물고기를 중간 숙주로 삼는 기생충인데, 이 물고기들을 잡아먹는 새들이 최종 숙주다. 이 기생충에 감염된 물고기들은 새에게 잡아 먹히기 쉽도록 일반적인 행동양식보다 훨씬 더 수면 가까이에서 헤엄을 치게 된다고 한다.

그리고 한동안 National Geographic 채널에서 '기이한 동물들'이라는 방송이 나왔었는데, 그중에서 달팽이의 눈(더듬이)이 형광등 모양, 혹은 크리스마스트리 불빛처럼 알록달록하게 점멸되며 빛나는 장면을 볼 수 있었다. 하지만 이것은 단순히 기이한 행동이 아니라, 흡충의 일종에 감염된 달팽이가 새에게 잡아먹히기 쉽도록 눈에 잘 띄는 식물의 최상단 부분까지 올라가 이런 행동을 보이는 것이라고 한다.

그렇다.

기생의 결과 기이한 약효를 지닌 약초가 되고, 끊임없는 진화를 이루어 내는 상승효과가 있는 경우도 없지는 않지만, 대부분은 그렇지 않다. 숙주의 몸을 갉아먹는 데서 그치지 않고 더 나아가 아예 비참하게 파괴시켜 종말을 맞게 하는 일이 대부분이라는 것이다.

원래 이런 기생이라는 것은 개체의 면역기능이 제대로 작동되지 못할 때, 즉 건강하지 않은 상태에서 더 창궐하기 마련이다.

요즘 세상이 흘러가는 것을 보면 우리 사회에는 정말 많은 기생충들이 있는 것 같다. 말도 안되는 일들이 벌어지는데, 알고 보니 그 '숙주'에 자리 잡은 기생충이 있었다는 것이다.

평상시에는 눈에 띄지 않던 수도 없이 많은 황당한 일들이, 거의 대부분 그런 족속들에 의해 일어난 일이었음을 깨닫고 보니, 우리의 건강 상태는 과거 어느 때보다도 더 약화되어 있었나 보다.

물론, 우리가 깨닫지도 못하고 한세월을 지나 왔는지도 모른다.

알지도 못하는 사이에 고양이에게 들이대고, 새의 눈에 띄려고 풀 끝으로 올라가고 있었는지도 또 모른다.

안타깝지만, 기생충에 감염되고 난 후에는 달리 방법이 없는 경우가 많다. 희생할 것은 희생하고 기생충의 생활환을 끊지 않고서는 우리에게는 더 이상 희망이 없다.

다소 힘들더라도 지금 우리가 해야 할 일은 과감한 처방과 아픔을 감수하는 조치라고 본다. 그리고 이제라도 다시는 이런 멍청한 짓이 생기지 않도록 철저하게 방역을 해서 사회에 기생하는 그 이상한 것들을 죄다 쓸어버려야 한다.

하느님이 보우하사 (제발) 이런 기적의 축복이 이 나라에 있기를!

4장

기억할 시간

16 알파고

17 기억의 편린

18 서유기(西遊記)
   - 끝나지 않는 여정

19 삶의 길

20 태풍

16 알파고

어제 우리는 충격적인 사실을 목도했다. (이세돌이 말도 안 되는 수를 두는 알파고에게 완패한 날)

우리 모두는 첫판 패배는 단순히 흥분한 까닭에, 말하자면 인간인 까닭에 실수가 있었고, 그 때문에 기계가 승기를 잡은 까닭이라 단순히 치부해 버렸었다. 하지만 어제의 일은 그리 간단하게 설명되지 않는 것이었다. 방송을 보던 사람들도, 심지어 그 방송을 해설하고 있던 전문가들도 경악을 금치 못했는데, 어느 누구도 이세돌 9단의 실수를 발견하지 못했으며, 그가 아주 냉정하게 실리 위주로 흐름을 유지해 가고 있었음에도 충격의 불계패를 연이어 당하고 만 것이다.

알파고가 170 수쯤에서 '말도 안 되는' 수를 두고 그를 응징하는 이세돌의 한 수를 보면서 사람들은 자못 기대감과 '그럼, 그렇지' 하는 묘한 쾌감까지 느꼈으리라. 그러나 바로 그 다음 수를 두자마자 그 수에 숨겨진 알파고의 무서운 음모를 발견하게 되었다. 8집이 넘는 돌을 죽도록 방치하고 그것을 놓치지 않는 이세돌에게 알파고는 최후의 결정타를 날렸다. 모든 일은 거기에서 다 끝나고 말았다. 해설자가 흥분한 목소리로 승리를 장

담하다 갑자기

"어, 이것 이상한데요. 이게 아닌데…"

"아니 이게 무슨… 저는 도저히 모르겠네요. 어떻게 된 일인지…"

도무지 방송이라고는 느껴지지 않고, 전문가가 할 말도 아닌 경악 그 자체였으며, 그 광경을 목도한 모든 사람들은 허탈을 넘어 공포를 느끼는 듯했다.

나같이 초보 중의 초보도 일순간에 뒤집혀 버린 판세를 보며 뭔가 우리가 알던 바둑이라는 승부와는 너무나 다른 무엇이 있다는 것을 느꼈다. 조금 과장하자면, 이건 마치 무슨 정해진 운명처럼 흘러가 버린 것이 아닐까 하는 착시도 느낄 수 있었다. 이세돌은 애초에 알파고를 이길 수 없었던 것이 아닐까 하는 것이다.

이번 대전은 누가 승리하건 인류의 위대한 진보라고 말하던 알파고의 개발자의 말대로 이번 일은 인류 역사에서 중요한 시점이 될지도 모른다.

하지만 내가 이번 일에서 느낀 것은 어떤 '공포'다.

우리는 이미 영화나 책 등을 통해 인공지능에 대한 우려와 또 암울한 미래의 인류문명에 대해 많은 것을 보고, 또 알고 있었다. 물론 내가 느낀 것은 그런 영향에서 크게 벗어나 있지 못하고 비슷한 맥락에 있는 것이 분명하다. 하지만 이 공포는 조금 성질이 다른 것 같다.

한 3~4년 전쯤이었나, 나는 상당히 매력적인 책을 하나 발견했었다. 다카노 가즈아키라는 작가가 쓴 〈제노사이드〉란 책이었다. 이 책의 이름이 시사하는 것은 인종간 혐오와 인종말살을 목적으로 한 학살행위 등을 말하는 섬찟한 것이지만 내용은 조금 다른 것이었다.

인간은 언제나 새로운 인종이 태어나는 것을 경계하고 두려워해 왔다. 말하자면 어떤 돌연변이로 불리는 새로운 인간이 태어나면 인류의 역사에 잘 나타나 있듯이 반드시 죽이고 절멸시키고 말았었다. 이 책은 우리 인류가 태어났었던 바로 그 아프리카 한편의 사바나 지역에서 새로운 인류가 탄생했다는 가정에서 출발한다. 그 지역은 세계의 다른 지역과 달리 자신들과 다른 아기가 태어나도 그를 흉하고 혐오스럽게 보는 것이 아니라 자연이, 혹은 신이 내려준 귀중한 생명이라 생각하고 돌보고 생명을 유지할 수 있도록 돕는다고 한다.

이 책에서는 새로운 인류, 말하자면 초인류가 태어났는데, 현생 인류가 네안데르탈인에게 그러했듯이 이 아이가 결국에는 우리를 멸종시키고 말 것이라는 우려를 가지고 있는 사람들의 본성을 조명한다. 그러나 의협심이랄까 어린 생명을 보호해야 한다는 집단도 등장해 흥미진진한 한 편의 활극을 펼친다.

내전으로 불안한 아프리카 콩고 내륙의 피그미 종족에서 탄생한 이 아이는 분명 고립무원이고 운명이 경각에 달린 위험한 처지다. 하지만 여러 나라의 많은 사람들이 우연하게 엮인 일련의 사건들로 인해 이 일에 관여하게 되는데, 그들 모두는 의도했건 아니건 총력을 다해 이 아이를 구원하는 일을 하게 된다. 전혀 관련이 없어 보이는 사람들과 전혀 엮이지도 않을 나라에 있는 모든 과학과 기술이 총동원된 잘 짜인 작전 같다는 느낌이 들 무렵, 이 모든 것이 태어난 지 얼마 되지도 않은 미개한 피그미족의 아이가 콩고의 사바나 한 구석에서 이 모든 일을 계획하고 처음부터 끝까지 조종해 왔다는 것을 알게 된다.

아이는 그야말로 상상을 초월하는 지능과 능력이 있어서, 우리가 도저히 상상하지 못하는 일을 세계 곳곳에 흩어져 있는, 잘 알려지지도 않은 과학기술과 정치, 경제적 단체들을 다 조종할 수 있었다는 것이다. 책에서는 마치 개미들이 행군하는 것을 장난으로 방해하려는 사람이 이리저리 길을 바꾸려 하는 상황과 유사하다는 비유를 한다. 개미들은 자신의 차원보다 훨씬 더 고차원에서 그들을 바라보는 사람이 생각하고 있는 일을 알 수 없고, 그들이 왜 다른 길로 몰려가고 있는지 이유도 알 수 없다. 우리 인류보다 고차원의 생물이 그런 의도를 가진다면 인류는 당연히 무기력하게 조정당할 수밖에 없다는 것이다.

이세돌의 패배는 그런 느낌을 주었다. 소위 입신의 경지라 해서 나 같은 8-9급 수준은 상상도 하지 못할 심오한 바둑을 두는 그도 알파고의 착수와 그의 의도를 정확히 파악할 수 없었다는 것이다. 훈수를 두는 사람들, 즉, 방송을 하며 해설하는 사람들도 이세돌의 완벽한 승리를 확신했었지만 알파고는 미리 잘 짜둔 기획대로 차근차근 이세돌의 세력을 이끌고 다녔다고 해도 과언이 아닐 것이다. 그와 주변의 모든 인간들이 깨닫지 못하는 경지의 수를 두면서 말이다.

나는 좀 무섭다는 생각이 들었다.

알파고와 〈제노사이드〉의 신생인류를 연결해 비교하는 것은 무리가 있음은 분명하다. 그러나 우리 인간들이 알아챌 수 없을 정도의 높은 차원의 초지성이라면… 우리는 미래의 어느 날 큰 위기를 맞게 될지도 또 모른다. 단순히 장난스러운 발상이 개미들을 위기에 빠지게 할 수 있는 것과 마찬가지로 말이다.

어제의 일은 분명 인류 역사에 중요한 전환점이 될 가능성이 높다.

물론, 이 승부를 두고 치밀한 네트워크를 가지고 수를 분석하고 있는 알파고는 소위 '훈수'를 허용하고 있는 것과 같다거나, 아니면 벽을 마주하고 있는 테니스 선수에 비유하기도 한다. 아무리 테니스 선수가 훌륭한 수를 써도 벽은 그 기술을 그대로 튕겨내기 때문에 도저히 이길 수 없는 승부란 것이다. 그래서 사기라는 말을 쓰는 사람들도 있다.

하지만 원래 알파고는 그런 프로그램이다. 그게 인간과 같은 개체가 아니란 말이다. 따라서 인간적인 관점으로만 해석을 하는 것은 논리적으로 타당하지 않고, 불합리의 함정에 빠지는 일이다.

알파고의 미래가 어떤 것일지 짐작이 잘 되지 않는다. 우리 인간이 만든 기계들은 이제껏 인간만큼 잘할 수는 없었다. 사람들이 가장 단순하게 하는 일을 엄청난 수리 능력과 과학적 분석을 할 수 있는 고성능 컴퓨터가 하지 못한다는 한스 모라벡의 역

Surgeon's Loupe

설(Moravec's paradox)이 있다. 하지만 지금의 일은 이런 역설도 깨지고 있다는 것을 보여준다. 인간의 행태를 수없이 반복 학습한 슈퍼 컴퓨터는 인간이 자긍심을 가지고 있는 영역도 여지없이 침범할 수 있으며, 오히려 우리를 압도할 가능성도 있다.

지금 내가 느끼고 있는 감정을 똑같이 느끼고 있는 사람들이 많을 것이다.

거의 확신할 수 있다.

잘 갈아서 세운 날카로운 칼날을 볼 때의 섬뜩한 느낌.

비록 지금 그 칼이 우리를 겨냥하고 있지는 않지만 칼날이 의미하는 궁극의 그 어떤 것에 대한 미지의 공포 말이다.

17 기억의 편린

한 2년 전쯤인가, 어떤 방송에 초청을 받아 1시간 남짓의 시간을 한 권의 책에 대해 강독한 적이 있었다.

당시 내가 선택했던 책은 에드워드 윌슨이라는 생태학자의 〈지구의 정복자〉라는 제목으로, 조금 어려운 내용의, "역사, 진화생물학, 과학, 사회학, 철학 등이 범벅이 된 종합선물세트와 같은 책"이라 당시 내가 표현한 것이 딱 들어맞는 그런 것이었다.

그는 첫 문장으로 다음과 같은 표현을 썼다.

"인간조건(human condition)을 이해하게 해주는 열쇠는 우리들 모두 갈망하기는 하나 찾기 힘든 귀중한 성배 같은 것이다. 이것을 갈망하는 사람들은 모두 신화를 선택하고 탐험해 나가는 쪽으로 나아갔다."

참… 말을 어렵게 하는 사람이군,

이게 내 첫인상이었다.

'혹시 해석을 잘못했나?' 하는 생각도 들긴 했었다(제목인 〈지구의 정복자〉가 원래 영어로는 〈the social conquest of earth〉였기 때문에 번역 자체가 조금 믿음이 가지 않았던 까닭

4장 기억할 시간 143

이 클 것이다.). 그래서 굳이 책을 구해서 원어로 봤었는데, 알고 보니 이 작가가 썼던 원래 내용 자체가 어렵더라(무지하게).

하지만 내가 방송에서 이 책을 소개하고자 했던 것은, 이 책의 거의 마지막쯤에 나오는 다음과 같은 이야기 때문이었다. 그 내용은 ;

"죽음으로 얼마나 많은 것을 잃게 될까? 나는 많다고 생각하는 쪽이다. 아마도 다른 사람들도 대개 그렇다고 생각할 것이라고 믿는다.

······ (중략) ······

어느 것 하나, 아무리 자질구레한 것이라도 중요하지 않은 것은 없었다; 적어도 얼마동안은 말이다. 공동체가 기억하는 모든 것은 어떤 형태로든 어떤 식으로든 누군가에겐 중요했다.

지금 그들은 모두 사라지고 없다. 그들의 방대한 집단 기억이 담겨있던 것들도 거의 다 잊혔다.

나는 내가 죽으면 내 기억과 더불어 이 옛 세계와 그 세계가 품고 있던 방대한 지식도 사라지리라는 것을 잘 안다.

하지만 이 모든 기억의 그물, 기억의 도서관 하나가 사라지더라도 그것이 인류의 중요한 일부였다는 것을 안다.

바로 그것이 내가 살아온, 그리고 살아가는 이유다."

– 〈지구의 정복자〉 Chapter 21. 문학의 법칙 중 (P 263-264)

　나는 우연한 기회에 어떤 역사 관련의 책을 한권 출간한 이후에(내가 역사학을 전공한 자도 아니고, 그저 관심이 있는 일반인 수준 정도였는데도) 여러 단체들의 역사를 정리하는 역할을 맡았었다. 그 단체들은 주로 의학 학회였는데 30년이 지난 학회를 비롯하여 다양한 학회의 역사를 정리했었고, 또 내가 속한 기관의 역사도 정리하는 일을 맡았었다.
　그러면서 느낀 것이 바로, 윌슨 작가의 말, 누군가 죽게 되면 그가 영유했던 우주 하나와 방대한 기억의 도서관 하나가 사라진다는 그 표현이었다.
　그리고 한 시대를 풍미했던, 그리고 역사의 한 장면을 이끌고 나아가던 기관차 같은 많은 분들이 우리 기억 속에 남아야 한다는 생각을 절실하게 가지게 되었었다.
　그분 들의 기억을 수집하고 맞추어 나가고, 또 하나의 유기체로 쌓아 올리는 일은 쉬운 일이 아닌 것은 분명하다. 각기 기억의 부분이 다르고, 또 자칫 다툼의 소지가 있는 부분들까지 조화를 이루어 내는 일은 마치 시간의 흐름에 생명을 불어넣는 것처럼 느껴지기까지 했었다.

 한 3~4년 전부터 나는 내 학창 시절의 거의 대부분의 기억이라고 할 수 있는 미술반의 역사, 우리 과거의 일들을 정리해 보려는 노력을 해오고 있었다 비록 기록이 남은 것도 없고, 그런 생각조차 할 겨를도 없이 허비했던 젊은 날에 대한 기억을 되살리는 일은 그리 쉽지 않았다.
 다만, 〈낙서장〉이라고 불리던, 미술반 학생들이 오고 가며 그냥 그냥 끄적거리던 노트가 있었다. 우리의 글이나 그림 따위를 잠시 담아준다고 생각했던 그런 오래된 노트들을 모아서 그 내용을 스캔해서 보존하려고 했었지만, 그런 낡은 노트 같은 것을 스캔해 주려는 인쇄소라든지 그런 회사들이 없다는 한계에 부딪혀 거의 중단 상태에 있었다(돈도 안 되는 것이 분명하고, 또 다들 귀찮은 것이겠지…). 하지만 우연히 그 문제를 해결하고 어제 비로소 스캔이 된 우리 미술반의 〈낙서장〉 내용을 받아볼 수 있었다.
 두근거리는 마음으로 한 장 한 장 넘겨본 그 낙서장에는…
 웃음 짓게 하고, 혹은 젊은 치기가 부끄럽게 느껴지는 많은 기록들도 있었다. 짧은 소회나 에세이, 시, 그리고 촌철살인 하는 명문구들… 그리고 미술반답게 낙서도 예술적으로 하던 우리의 '솜씨'에 의해 낙서장은 작은 예술 모음집 같아 보이기까지 했다.

하지만, 정작 안타깝게 느껴진 것은 중간 중간에 구멍이 난 것처럼 유실되어 버린 이야기들이었다.

내 기억 속에는 분명 남아 있는데, 기록에서는 찾아볼 수 없는 그런 존재에 대한 아쉬움…

하지만 지금은 어쩔 수 없는 일이 되어 버렸다. 더 이상 존재하지 않는 그 기억들은 이제는 어디서도 찾을 수 없다.

최근 나는 다른 존재나 혹은 단체가 아니라 나 자신이 지내왔던 시간을 좀 정리해 보려는 생각을 갖게 되었다.

내가 다른 일에 정신 팔려 정작 내 가족은 챙기지 못했던 후회와 일맥 이어져 있는 생각이긴 하다. 지금 내가 후회스러운 것은, 시간이 언제까지나 여유가 있을 것이라고 안일한 생각을 가졌던 것이다.

잘 아는 역사학자 한 분이 제의했던 대로, 조금 시간이 있을 때 내 가족의 이야기를 왜 취해 놓지 못했을까 하는 후회가 사무친다.

최근 거대한, 그리고 늘 내 그늘이고 쉴 곳이 되어 주었던 한

'도서관'을 나는 잃었다.

갑작스러운 일… 물론 그렇지만 짐작을 못 했었던 것도 아니었는데, 막상 그렇게 이야기를 풀어나가기가 두려웠었다. 뭔가 암시나 가정을 하는 일을 하고 싶지 않았었다…

나는 그랬었다고 느낀다.

그래서 결국 남은 기억은 조각조각 흩어진 편린들 뿐이다.

지나간 시간의 후회가 있지만, 그래서 더 아프지만…

이제부터라도 이런 기억들조차 희미해지기 전에 모아서 하나하나 되살리고 맞추어 나가려고 한다. 지나간 기억이 역사가 되지 못하는 아픔은 너무 큰 것이라고, 이제서야 뒤늦은 생각을 해본다.

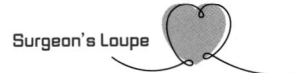
Surgeon's Loupe

18 서유기(西遊記) 끝나지 않는 여정

우리는 이미 이 소설을 너무나 잘 알고 있다. 다양한 책과 만화로, 심지어 만화영화로도 여러 번 반복되었으며, 우리의 어린 시절 추억에 중요한 한 부분을 차지하고 있다.

서유기는 대표적인 지괴(志怪), 전기(傳奇) 소설의 유형이다. 중국의 4대 기서의 하나로 신마소설(神魔小說)로 분류된다. 내용은 우리가 익히 잘 아는 바와 같이 삼장법사의 서역기행 중 일어나는 81난을 헤쳐 나가는 기행소설이자 손오공과 다른 두 제자, 그리고 용마(龍馬)까지 다양한 배경을 가진 다섯 사내의 모험과, 초월적 시공간의 환상을 주제로 한다.

원래는 대당서역기(大唐西域記)란 기록을 남긴 당나라의 승려, 현장(玄奘)의 17년간의 여행과 고난의 길을 모델로 한 것으로 알려져 있으며, 그 진행 체계는 당나라에서 천축국(인도)까지 지리적 공간과 시간적 흐름을 유지하고 있다. 이전의 신화나 환상적인 이역(異域)의 흥미를 다루었던 목천자전(穆天子傳)이나 산해경(山海經) 등에서 보이던 모호한 기술과는 달리 상당히 지리적으로 정교한 파악까지 엿볼 수 있는 내용도 있다.

이 방대한 모험-환상 소설은, 그러나, 서역국으로 가는 숭고

한 목적을 이루고자 하는 위험천만한 임무(mission)와 목적의식에 의해 결코 가볍지만 않은 무게를 가지게 된다. 소위 잡스럽고 괴력난신(怪力亂神)쯤으로 치부될 수 있는 장벽을 넘어 오늘날까지 살아남을 수 있는 생명력을 얻게 된 것이다.

바로 자아를 찾아가는 여행, 진리를 얻기 위해 나를 희생하는 여행이기 때문에 그 여정의 무게가 결코 가볍지 만은 않은 그 무엇이 된 것이다.

서유기의 또 다른 강점은 혼돈에 대한 깊은 사유(思惟)와 파악이다.

이 소설에서는 선과 악이 존재하나 이것은 언제나 변함이 없는 것이 아니고, 어느 순간에는 경계가 모호하며 구분이 불가능한 혼돈이 존재한다. 그리고 한 에피소드가 끝난 순간 시간은 다시 윤회하듯 또 다른 여정(旅程)으로 돌입한다. 한 마디의 이야기가 끝나는 순간은 한 세계의 종말을 의미하기도 하고, 은원(恩怨)의 인연(因緣)이 종료된 듯 하지만 이 인연의 끝은 다시 언젠가 반복될 실마리를 남기기도 한다.

이 긴 이야기가 마무리될 즈음에는 결국 모든 인연의 매듭이 지어지고 반복되고 얽혀가던 실마리들이 가지런히 자리를 잡는 것처럼 보이지만, 역시 끝나지 않을 의문을 남기기도 한다. 결국 그들은 불경을 찾았고 억겁(億劫)의 업(業)을 벗어 제 자리로 (그게 무엇인지가 가장 의문이지만…) 돌아갔지만, 과연 그들의 자리는 어디란 말인가?

천둥벌거숭이 마냥 날뛰던 혼돈계(混沌界)인가, 아니면 제천대성의 본분, 말지기(馬夫) 자리인가?

이처럼 서유기는 언제나 내게 갈증을 주던 소설이었다.

그러나 이런 갈증보다 더 심각한 충격을 주었던 소설이 하나 더 있다.

같은 이름의 소설, 서유기(西遊記)이다.

이 책은 1977년 최인훈 작가에 의해 발표가 되었는데, 1970년대의 사회상과 해방 이후 이어져 오던 시대의 부조리한 흐름 속에서 하루하루를 연명해야 했던 파리한 지식인의 지긋지긋한 명줄에 대해 이야기하던 전작(全作)에 이어 가장 완성도가 높은 작품이다.

이 소설을 읽었던 1984년 여름을 잊기 힘들다.

그전 최인훈씨의 난해한 작품을 읽으며 나름 지적 유희를 즐기거나 남들에게 떠벌리곤 했던 그런 안이한 생각이 한순간에 허물어져 내리는 느낌을 받았고, 그 한 여름이 더운지 추운지 모르게 책 속에 온전히 몰입되어 지냈었다.
 몇 번을 읽으면서도 풀리지 않는 의문과 모호함에 괴로웠었고, 일생의 화두로 삼아도 좋을 만큼 심오한 '여정(旅程)에 대한 꿈'을 떠올리며 들떠 하기도 했던 기억이 생생하다.

 이 소설에서는 황당할 수 있는 서언을 시작으로 전작이라 할 수 있는 '회색인'의 마지막 대목을 이끌어 낸다.
 독고준이 이유정의 방에서 나와 계단을 올라가면서 이 긴 이야기가 시작된다.
 어스름한 불빛의 좁은 계단에서 시작된 '상념(想念)'의 흐름은 그를 멀고 먼 여행으로 이끈다. 이 여행의 전 기간 동안 나타나는 것은, 초월적 시간과 환상계(幻想界)와 현실의 어정쩡한 동거에서 서로 맺어지지 못하고 비켜만 가는 흐름으로 결코 만날 수 없는 본질인 것이다.

 처음엔 우리의 주인공, 독고준은 어디로 가야 할지도 모르는 채 그저 갑작스런 납치를 당한 나약한 한 인물이었다.
 이 과정 중에 독고준은 나라를 위해 자신의 운명을 포기하라는 강요를 받기도 하고 배신자의 낙인이 찍히며, 아름다운 여인(소설 속에서는 논개로 표현되었다.)의 유혹을 받기도 했다. 그런 강요와 유혹의 대부분은 국가와 민족이라는 거창한 명분으로 무장되어 있었고, 뿌리치기 힘든 것들이었다.

그러나 이런 과정을 거치면서 어렴풋하게 자신이 가야 할 목적을 깨닫게 되는데, 소설 속에서 W시라고 표현되었던 이 모호한 장소는 자신의 어린 시절, 역시 어렴풋한 기억 속에 남은 한 지점을 지목한다.

결국 이 여정은 기억 속에 남은 한 지점, 그 것이 서쪽(West)를 의미하건 고향인 원산(Wonsan)을 의미하건 바로 그곳을 향하는 것이 된다. 책 속에서 "운명을 만나지 못한 인간은 인간이 아니고 다만 물건일 뿐이다."고 피력한 작가의 마음처럼, 그는 그의 운명을 깨닫고 그를 따라 흘러가는 길을 택한다.

낡은 신문지에 나온 광고 한 줄과 어디선가 날아든 삐라의 문구, '그 여름 우리들의 약속'을 만나기 위하여 그 가냘픈 인연의 끈에 의지해 그의 길이 시작된 것이다.

이 소설 속에서는 원조라 할 수 있는 손오공이 등장하는 서유기처럼 온갖 신마적 요소와 괴력난신이 등장한다. 이솝우화 같기도 하고 톰소여의 모험과 같은 서양문학을 도입하기도 하며, 전래의 민담도 등장하며 시공간(時空間)과 사상적 체계, 부조리한 사회 현실들이 다 충돌하고 혼란과 혼돈을 조장한다.

소설 속의 소설이란 형식을 차용한 이 일련의 우화들에서 민중은 목적을 잃고 지도자는 사라졌으며 무리는 방향 없이 떠도는 거대하며 우매한 집단임을 보여주기도 했다. 근-현대사의 피폐한 실상을 이렇게 표현한 작가의 의도는 등장인물에게도 역시 그 영향을 반영한다.

주인공 독고준은 회색인이란 전작의 이미지처럼 흔들리고 그저 흘러가는 모습을 보이는데, 어느 순간 갈 곳을 깨달은 그에게 또 다른 환상의 길을 제공하는 공간적 이정표로 등장하는 석왕사 역은 인생의 긴 여정에서 한 번이나 두 번 깨달을 수 있을 것 같은 어떠한 전환점이란 느낌마저 주고 있다.

그는 이 역에서 다음 기차를 기다리며 환상 속에 몰입하고 자신의 과거를 떠올리는데, 기차가 지나가기 않을 것 같은 이 역사의 쓸쓸함은 한동안 내 글의 기본적인 감정선이 되어 주기도 했다. 쓸쓸한 가을 간이역사(簡易驛舍)의 빈 들과 철로 주변에 핀 처량한 가을꽃의 느낌은 바로 독고준이 겪는 그 느낌으로 투영되어 깊은 이미지로 내 마음에 남았다.

이 소설에서 독고준이 목적지에 도달했는지 알기가 힘들다.
처음부터 그리 친절한 소설이 아니었지만, 작가는 마무리까지도 결코 친절하지 않은 초지일관을 보여준다. 그는 주인공이 석왕사에 그저 머물러 꿈을 꾸듯, 환상에서 벗어나지 못하고 허위허위 살아갈지도 모른다는 여운을 남겼다.
이 지독한 작가의 마무리는 그래서 더욱 충격적이다. 무려 500페이지는 족히 넘을 것같이 길고 길며, 난해하기 그지없는 소설을 읽고 난 독자에게 대한 배려라고는 조금도 없다는 것이다.

그러나 몇 번이고 읽고 나서 생각을 한 것은, 작가는 마무리를 할 수 없었을 것 같다는 것이다.
제목 그대로 서유기, 즉 '나를 찾아가는 여행'이라 할 수 있는 구도 소설을 모티브로 삼았다면, 이 책에 난무하는 이런 부조리들을 죄다 이끌어 내고 나서 그 모든 것을 해결할 길을 찾는다는 것은 아마도 불가능했을 것 같다(아무리 최인훈 작가라 할지라도 말이다.).

그래서 이 소설은 여전히 갈증으로 남았다.

삼장법사의 서유기와 마찬가지로 천화만변(千化萬變)하는 그 모든 환상을 통해 자아의 발견이란 마치 '환상'과 같은 것일지도 모른다는 무거운 화두를 던지고 있는 것이다.

서유기의 손오공이 우화적이었다면, 또 다른 서유기의 독고준 역시 나약하며 우화적인 것이다.

그들은 눈앞의 현실만을 보고 그것을 벗어날 궁리를 한다. 손오공은 힘과 도력(道力)으로 헤쳐 나가지만, 독고준에겐 회피와 외면이라는 또 다른 강력한 마력(魔力)이 있다.

그들의 여정은 한치의 틀림도 없이 난관(難關)의 연속이자 다람쥐 쳇바퀴 돌 듯한 윤회로 점철된다. 그들이 이 역경을 넘어서는 원리는 조금 다르지만 어쨌든 그들은 다 그들의 '약속'을 향해 가고 있다.

그들의 여행이 끝날 무렵 그들이 발견하게 될 것이 무엇인지 사실은 참 모호하다.

그들이 '약속'을 발견하면 그들은 거기에 안주할 수 있을까?

과연 이 여행은 어떻게 끝날까?

이런 갈증과 미완의 궁금증으로 30년쯤 전 그날처럼, 오늘도

Surgeon's Loupe

이 화두는 여전히 무겁다.

19　삶의 길

이 책의 앞에서 한번 거론한 바 있는데, 우리의 선조가 되는 단세포 생명체는 무한의 역경과 위험을 이기고 오늘날 이런 생명의 모습으로 이어졌다. 태고에 탄생한 무수히 많은 생명체 중 살아남은 그 단세포 생물은 모든 경우의 수를 다 회피하고 방어하였기에 이런 일이 가능했다.

그런 까닭에 우리는 위험한 것은 본능적으로 회피하며 방어하려 든다. 그리고 자신에게 가장 편안하고 맛난 것, 아름다운 것에 끌리는 것은 우리 원초적인 생명의 DNA로부터 이어진 것이다.

그래서… 결국 사람을 움직이는 것은 기본적으로 본능이다.

아무리 이성이 발달하고 많은 수행을 쌓은 자라 해도 자신의 생명에 위해가 된다고 생각하면 비겁을 생각하기에 앞서 먼저 회피하고, 방어하고 결국 적개심을 드러낸다.

게다가 우리가 알고 있는 한에는, 이성이 이끄는 시간은 그리 길지 않다.

물론, 역경을 이기면 더 발전한다는 말도 있다.

그 말… 맞다.

하지만 우선 살아남아야 한다.

그런 다음에야 발전이든 뭐든 있는 것이다.

며칠 전 우연히 한 TV 채널에서 〈남한산성〉이라는 영화를 다시 봤다.

예전에 처음 그 영화를 본 기억으로는. 정말 화가 났었던 것 같다.

나라의 중신이라는 것들의 한심한 작태며, 비겁하기 짝이 없는 왕의 모습과, 역시 당하고만 있는 민중의 모습… 내가 기억하던 70, 80년대의 암울함이 오버랩되어 마음이 불편해서 다 보지도 않았던 것 같다(책으로 읽었을 때 보다 부담이 훨씬 더했었다.).

그런데… 이번에는 그게 그렇게 슬픈 영화인 줄 정말 몰랐었다.

비감한 논지의 최명길과 김상헌은 그들 자신의 신념에 따라, 그리고 양심에 따라 추호의 흔들림 없이 움직였다. 비록 마음속에 서로 반대되는 상호 간의 의견을 깊이 존중하면서도 그들은 필연의 운명으로 서로 물고 뜯을 수밖에 없었다.

그런 와중에 그렇게 품위 있고, 깊은 서사라니…

영화에서는 그 느낌을 전달하는 특수한 기법으로 피부의 티끌까지 하나하나 다 보이는 그런 촬영을 했다. 읊조리는 듯한 그들의 대사는 결코 높은 음역으로 가지 않음에도 그 대사들이 다 처절한 외침으로 다가오는 그런 느낌.

내겐 그게 더 슬퍼 보였다.

그 내용은 우리가 다 아는 내용이지만, 만고의 역적이라고 불릴 위험을 잘 알고 있음에도 최명길은 삶의 길을 가자고 하고, 기개 높은, 그리고 어떤 위협에도 굴하지 않는 진정한 선비인 김상헌은 그런 굴욕스러운 길이 진정 삶의 길이 맞느냐고 반문한다.

그 조근조근한 말들이... 진정 처절한 외침이라고 나는 생각했다.

다시 본 영화에서는 예전에는 비겁하게 보이던 결정장애를 겪는 왕의 모습도 뛰어난 배우의 역할일 수도 있겠지만, 정말 처절했다.

지금 내가 처한 상황은 점점 악화되어가고 있다.

호기로운 많은 사람들은 각자의 자리, 혹은 자신들의 장기인 매체를 이용해 양극단의 외침을 이어가고 있다. 그들 대부분은 분명, 자신이 가장 옳다고 여길 것이다.

상대측을 최대의 적으로 보고 있는 것이 분명하다.

하지만, 한 가지는 기억해야 한다. 상대를 악마시 하면 결국 한 쪽이 죽어야 일이 끝난다.

이런 시점에 의과대학 교수로서 목소리를 내지 않는다는 비난을 받을 수 있다. 지금도 우리 대학의 많은 교수들은 거의 전선에 나선 모습이다. 그들의 눈에 내가 진정 비겁하게 보일지 모른다.

지금 내가 자리를 지키고 있는 이유는 내게 굳건한 의지나 철학이 없어서가 아니다. 비합리적인 것에 반대할 용기가 없어서도 아니다. 말을 하지 않는 것이 어딘가를 찬성하기 때문은 더더욱 아니다.

다만, 이 일이 너무 큰 상처를 남기지 않고 마무리되길, 그래서 길지 않은 시간에 원래의 기능을 회복하길 원하는 까닭이다.

오늘 이 시간, 처절한 삶을 살았던, 각기 극단의 철학으로 무한 대치를 했던 우리들의 선조를 떠올린다.

결국 누가 옳고 그름으로 가늠할 수 없는 그들의 숭고한 경지를, 그리고 그런 대립 중에도 서로를 존중하던 그 모습을 다시 기억해야 한다.

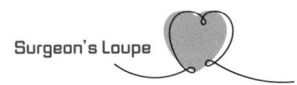

우리의 삶은, 그리고 그 길은, 지금 세상을 지배하는 이런 단순한 논리로 엮어낼 수 있는 하찮은 것이 아니다.

20 태풍

이 글을 쓰는 시간에 나는 최인훈 작가의 소설 속 나라, '아이노세딘'(인도네시아)의 한 지방인 발리에 와 있다.

어릴 적(아마도 고등학교 초반?)에 읽었던 이 소설 속에서 '아이노세딘'은 신비한 매력의 섬나라로 묘사되었다. '열대의 향기로움과 아름다운 꽃', 이런 등등의 서사로 비롯하여, 오래전 본 〈발리 하이〉로 대표되는 〈남태평양〉, 그리고 그게 이 지역인지는 잘 모르겠지만, 〈푸른 산호초〉등등의 '근거 자료'에 의해 내게는 환상적인 곳으로 각인되어 있었다.

그러나, 지금 내가 와 있는 이 지역은 조금만 움직여도 땀이 말도 못 하게 흐르고, 잠시라도 볕에 나가면 숨이 막힐 정도의 열기가 느껴지는 것이, 거의 사람이 살 동네는 아니어 보인다.

이번 방문이 두 번째인데, 전에는 학회발표 준비에 여러 가지 신경 쓸 일이 많았기 때문이기도 하겠지만, 이렇게 힘들었던 기억은 아니었다. 그리고 내가 좀 더 젊어 힘이 더 있었다거나, 이런 더운 시기가 아니었을 가능성도 있다.

지금 이 나라는, 학회 중간 시간에 학회장에 있는 것도 너무 혹독한 여건이라, 특별히 발표나 꼭 들어야 할 주제가 없다면 어딘가 피해 있지 않으면 안 될 것 같다. 강의실 밖은 거의 저 밖의 길거리나 매일반(에어컨 비슷한 것도 없는)이라 대피가 필요한 환경인데, 물론, 이게 어디 딴 데 싸돌아 다닐 생각일랑 말고 강의실에 계속 있도록 만들려는 의도였다면, 그건 정말 성공했다.

(여간 용의주도하지 않고는 꾀하기 힘든 계획이다. 축하하고 싶다!!)

아무튼 지금 발리는 소위 "얄미운 놈 있으면 강추한다."는 정도의 수준이다.

서론이 너무 길었다.

하지만 이 대낮 시간에 호텔방으로 돌아올 수밖에 없도록 만든 환경이 이 글을 쓰게 했으므로, 이런 정도의 '사례'는 하고 시작하는 것이 예의라는 생각이다.

다시 〈태풍〉으로 돌아가 보자.

이 소설은 최인훈 작가의 소설 중에서는 비교적 덜 알려진 책이다.

최인훈 작가는 자신의 소설들이, 〈광장〉 → 〈회색인〉 → 〈소설가 구보씨의 하루〉 → 그리고 마지막으로 이 〈태풍〉으로 이어지는 연재작으로 읽히면 좋겠다고 말했었다고 한다.

나는 비록 이런 순서로 읽지는 않았지만, 〈태풍〉 이전의 소설들은 우리나라의 역사적 역경, 그 비이성적인 환경 한가운데 던져진 젊은 지식인이 겪는 혼란과, 철학과 이성의 괴멸을, 그리고 그로 인한 좌절을 다루었다고 생각했었다.

하지만 〈태풍〉은 그의 전작들과 조금 궤를 달리한다고 나는 봤었다.

작가는 이 소설의 환경을 상상, 혹은 비현실적인 환경이라고 설정했지만, 누가 봐도 뻔히 보이는 나라며, 시간의 상황이라, 그런 작가의 의도는 약간의 '비웃음' 같은 것이 아닐까 하고 나는 생각했었다.

(원래 초현실주의 작품이나 SF 같은 류의 작품들의 본 목적은 현실에 대한 비판이나 희화화에 있다고 생각할 수 있다.)

아무튼 그런 작가의 의도대로, 제 아무리 애로크니 나퍄유라고 불러도 그게 코리아와 재팬을 뒤집은 말이란 것쯤은 초딩도 알 만한 내용이고, 주인공 역시 나라 잃은 식민지에서 나고 자란, 철저히 세뇌된 젊은 청년 카네모토(金本)이다(소설속의 뒤집힌 이름은 오토메나크이다.).

처음 이 소설을 읽으면서 최인훈 작가의 섬세함과 주도면밀함에 소름이 돋았었다. 이 이름은 한국의 대표적인 성씨인 '김(金)'

에 근본이라는 '본(本)'자를 붙여, 그 근본은 어찌할 수 없다는 '태생적인' 굴레를 만들어 둔 것이라고 나는 생각했었다.

이 얼마나 절묘한 장치인가? 시작부터 그 운명을 암시하고 있는 이 이름이 말이다.

오늘 이 글에서 그 소설의 내용을 다 주저리주저리 풀어낼 필요는 없어 보인다.

다만, 그 혼란스러운 '시대말적' 환경에서 자신이 생각지도 못했던 세계에 눈을 뜨게 되고 각성해 나가는 한 청년의 운명이 극적으로 전개되는 이 내용은, 우리에게 산더미 같은 파도가 몰려오는 것과도 같은 충격을 느끼게 한다.

그가 신앙처럼 믿어왔던 세계는 산산이 부서지고, 그는 결국 돌아갈 곳도 없는 난민의 신세가 된다. 이 제목이 시사하는 것처럼 '태풍'에 산산이 부서진 것이라고 해석할 수도 있겠다.

원래 나라 잃은 처지에 더 잃을 것이 무엇이겠냐마는, 독립을 쟁취한 그의 조국은 그의 사상이나 영혼을 담을 만한 곳이 아니었고, 결국 그는 자신의 각성을 가져온 열대의 나라 '아이세노딘', 즉 '인도네시아'에 남게 된다.

이 소설 내용에서 작가는 인도네시아의 풍경에 대한 표현을 담았는데, 지금 시간에 본 거리며, 나무며 꽃들에 대한 묘사가 정말 섬세하고 세밀한 관찰을 바탕으로 했다는 생각이 들었다.

작가가 그려낸 이 나라의 환경이, 의도적으로 낙원에 가까운 것으로 치장한 것이라고 나는 그동안 여겨왔지만, 여기 발리는 그의 (조금 과장돼 보이던) 서사에서 그리 많이 벗어나 있지 않은 것 같다.

그리고 중간 내용에 젊은 오토메나크가 사랑에 빠지는 현지의 아름다운 여성인 '아만다'가 있는데, 그 내용을 떠올리면서 본 여기의 여성들 역시 최인훈 작가가 여기 살면서 쓴 글이 아닐까 할 정도로 유사한 느낌을 준다. 근처 나라들인 태국이나 베트남, 말레이시아 사람들하고도 또 다른 그런 모습인데, 그 부분에 대한 묘사 역시 탁월하다고 생각한다. (역시 최인훈 작가!!!)

무엇보다 내게 가장 인상 깊었던 부분은 소설의 마지막 부분이었다.

하지만, 처음 이 소설을 읽었던 당시로서는 (고등학생 주제에 상당히 시건방진 생각이긴 하지만…), 그 마지막 대목에 대해 나는 조금 아쉬움이 있었다.

오랜 시간이 지나고 통일을 이룩한 그의 조국에서 그를 찾아 사람을 보내는 이 부분은… 조금 다른 방식의 접근이 어떨까 하는 생각을 했었다. 그렇게 하면 이 소설이 더 극적으로 느껴지지 않을까 하는 생각을 했었던 거였다.

물론, 이런 의견이 당키나 한 것인가? 작가에 대한 모독이기도 하고…

그래서 꽤 오랜 시간 전에 세웠던 계획 중에 (여전히 시건방지지만) 이 〈태풍〉의 마지막 부분에 이어지는 속편을 하나 만들어볼까 하는 것이 있었다.

그동안 다른 일로 조금 뒤편으로 밀려나 있었던 이 계획이 다시 CPR 된 느낌이 든다.

원래 이 계획은 이러한 의문에서 출발했었다.

아름다운 낙원으로 표현된 이 '아이노세딘'이 이렇게 숨막히고 잠시만 움직여도 땀으로 범벅이 되는 곳이 분명하고, 사계절이 분명한 '애로크' 출신이 영원히 속하기 쉽지 않은 환경인데?

또 젊고 굳은 의지가 있는 '김본'이 이 나라의 독립을 이루게 역할을 한 다음에 아무런 다른 일을 하지 않고 한자리에서 늙어간다?

Surgeon's Loupe

이게 그렇게 역동적인 세월을 경험했던 사람에게 가능한 일일까?

그렇게 조용히 살고 있는 사람에게 해방되고 역경을 극복해 통일을 이룬 조국에서 난데없이 그를 찾아온다고?

아무런 접촉도 없었고, 심지어 조국인 '애로크'는 이 사람이 자기 나라 출신인지도 모르는 상태에서?

지금 이 시간, 이 의문들이 다시 고개를 들고일어나고 있음을 느낀다.

뭔가 하지 않으면 안 될 것 같은 책임감도 함께⋯ 무더운 날씨를 피해 호텔방에 잠적한 바로 이 시간에.

이런 무모함이, (그리하여 사서 고생하게 되는⋯) 결말이 뻔히 보이는 길로 향하는 문을 활짝 열고 말았다.

지금 이 순간, 앞으로의 길은 또 무엇일지 기대와 궁금증이 하루를 일깨우고 있다.

5장

거친 세상 살아가자면

21 싸움의 기술
22 Andre the giant
23 고슴도치도 어릴 때는 귀엽다
24 Not today!
25 빌헬름의 비명
26 인, 인, 인. (人, 人, 人.)
27 세고익위

21 싸움의
기술

우리는 매일, 매일이 전쟁인 시간을 살아간다 해도 과언은 아니다. 아침에 눈뜸과 동시에 해결해야 할(이겨야 할) 일이 산적해 있고, 게을러지고 싶고, 구획지어진 자신만의 한계(그걸 누가 만들었는지도 지금은 모호한)와도 싸워야 하고… 결국 살아있는 한은 무엇인가와 끊임없는 전투를 벌이고 있는지도 모른다.

작은 성취감(승리감)에 취해 상대방이 받았을 상처도 보지 못하게 되고, 또 그 과정으로 받은 자신의 내상도 잊게 되는 것이리라. 그러다 보면 '삶은 결국 전쟁'이라는 것을 깨닫지 못하게 되는 것 같다.

하지만 이렇게 치열한 시간을(제대로) 살아내려면 뭔가 기술이 있어야 하지 않을까?

그래서 오늘은 기억나는 옛날 싸움이야기를 해보려 한다.

첫 번째 이야기 – 송양지인(宋襄之仁)

이 말의 뜻은
"제 분수도 모르고 남을 동정하는 어리석음"을 뜻한다.

사전적인 의미는 분명 그러하다. 하지만 이 말의 근원이 된 이야기를 들어보면 조금 생각해 볼 것들이 있다. 원래 이야기는 이러하다.

춘추시대 송(宋) 나라는 늘 강대국 반열에 드는 나라였다. 송양공(襄公)의 시대에 이르러서는 그 세력이 더욱 막강해졌고, 전체 제후국을 주도하는 패자(覇者)에 오를만 했다. 패자란 전체 제후국을 다 소집해서 회맹(會盟)할 만한 힘을 가진 나라를 의미한다. 춘추시대에는 제나라 환공, 진나라 문공, 초나라 장왕, 오나라왕 부차, 월나라왕 구천을 가리키기도 하고, 오왕 부차와 월왕 구천 대신 진나라 목공, 송나라 양공을 넣기도 한다. 이들은 모든 제후국이 인정하는 패자로서 한 시대를 지배했다.

이 이야기의 주인공인 송나라 양공은 당시의 막강한 국력을 기반으로 패자의 지위를 가지고자 했는데 조나라가 번번이 반대하는 바람에 뜻을 이루지 못하고 있었다. 그런 시간이 이어지다 결국 두 나라는 전쟁을 벌이게 되었다.

홍수라는 강을 사이에 두고 대치하고 있었는데 조나라가 군사를 정비해 강을 건너기 시작했다. 이를 본 군사들과 특히 공자 목이가 즉시 공격하여 패퇴시키자 주장했는데 이 의견에 대해 양공은,

"상대가 미처 준비를 하지 전에 기습하는 것은 인(仁)의 군대가 할 일이 아니다." 하고 말하며 공격을 허락하지 않았다.

조나라 군대가 강을 다 건너고 전열을 정비하고 난 후에야 공격 명령을 내렸고, 좋은 승기를 다 놓쳐버린 송나라 군대는 대패하고 말았다. 이 전투에서 부상을 입은 양공 역시 병세가 악화되어 숨을 거두고 말았다.

이 이후 사람들은 자신의 처지도 모르면서 남을 생각하고 베푸는 어짊에 대해 '송양지인'이라 부르게 되었다.

참 어리석은 왕이 아니었을까? 현대를 살아가는 우리의 관점으로 보면 정말 말도 안되는 일이고, 이런 지도자를 둔 백성들 역시 무슨 고생이었을까 싶다.

하지만 역시 일은 한 가지 면만 보아서는 안 되는 것 같다.

후일, 맹자(孟子)는 양공의 자세를 높이 샀으며, 진정 어진 이의 표상이라고 여겼다. 그래서 이 이야기 속의 내용처럼 조나라에 대패하고 결국 회맹을 이루지도 못한 채 죽고 만 송양공을 춘

추오패의 한 사람으로 추존했다고 한다.
우리의 경박한 판단과는 다르게 말이다.

두 번째 이야기 - 피로스의 승리(Pyrrhic Victory)

고대 에피루스(Epirus: 그리스 북서부지역의 왕국)의 국왕 피로스(Pyrrhus) 1세는 알렉산더 대왕 이후 최고의 전술가로 정평이 나 있었다. 그는 지중해 나라들을 복속하고 제국을 이루고 싶은 야망이 있었다. 아직은 신생세력에 불과하던 로마를 먼저 점령하고 이어 시칠리아, 마케도니아, 그리스 전체를 지배하고자 했다.
먼저 막강한 세력으로 로마로 침공한 피로스는 로마를 상대로 연전연승을 거두었는데 자신들의 손해도 만만치 않았다.
첫 전투였던 헤라클레아 전투에서 피로스는 3만 5천 병력 중 4천 명을, 그리고 그다음 해 아스쿨룸 전투에서 4만 병력 중 3천 명을 잃는 큰 손실을 입었다.
플루타르코스는 이렇게 기록하였다.
승리를 자축하는 자리에서 대왕의 위대함을 칭송하던 휘하

장군들과 병사들의 아첨에 피로스왕은 이렇게 말했다고 한다.

"우리가 로마인들과 한번 더 싸워 (이런) 승리를 거두게 된다면, 우리는 완전히 끝장날 것이다."

참으로 현명한 왕이 아닐 수 없다. 승패에 흔들리지 않고 현실을 직시할 수 있는 사람은 참 드물기 때문에 이런 말을 한다는 것만으로도 알렉산더에 비견되기에 충분한 사람임이 분명하다.

하지만… 피로스 왕에 대한 다른 설화도 있다.

철학자이자 대신이었던 키네아스가 피로스왕에게 왕이 벌이고자 하는 로마와의 전쟁의 의미를 물었다고 한다. 그러자 왕은

"로마를 물리치면 그리스와 다른 야만인들까지 모두 복속하게 되고 이탈리아 전역을 차지할 수 있을 것."이라고 했다.

"그럼 그다음은 무엇을 하시렵니까?" 하고 키네아스가 묻자,

"그다음은 부유한 시칠리아를 손에 넣으려 한다."

"그렇군요… 그러면 대왕께서는 마케도니아와 그리스 전체를 지배하실 수 있게 되겠지요. 그러면 그다음은 무엇을 하시겠습니까?"

(신하치고는 참 4가지 없기는 하다…)

하지만 이런 신하의 방자함에도 피로스는 크게 웃으며 대답했다.

5장 거친 세상 살아가자면 181

"그럼 편안히 쉬면서 즐거운 이야기나 나누면 되지."
그러자 키네아스는 이렇게 말했다고 한다.
"대왕께서는 지금도 편안히 즐기면서 즐거운 이야기를 나누실 수 있습니다. 아무런 노력이나 고통, 그리고 위험 없이도 이미 그렇게 하실 수 있는데 무엇 때문에 고생을 하시려 하십니까?"

우리가 코흘리개이던 시절, 싸움은 그런 것이었다. 누군가 '선빵'을 날리고 코피를 터뜨리면 무조건 이겼다. 다음 일이 어떻게 될지는 몰라도 우리끼리는 그렇게 승복했었다.
하지만 요즘은 그런 시대가 아니다. 요즘은 '선빵'은 무조건 불리하다. 그리고 뚜렷한 명분이 없는 싸움은 부메랑이 되어 자신에게 큰 피해를 줄 것이다.
그러나, 좀 더 사려 깊게 생각하면, 모든 싸움은 죄다 남에게도, 그리고 자신에게도 큰 상처를 남길 것이다.

그래서 오늘, 우리는 오자(吳子)의 말을 상기할 필요가 있다.
"천하가 어지러울 때 5번 싸워 승부를 결정지은 나라는 재앙을 면치 못하고, 네 번 싸워 승리한 나라는 피폐해지며, 세 번 싸운 나라는 패자(霸者)가 되고 두 번 싸워 승부를 결정지은 나라

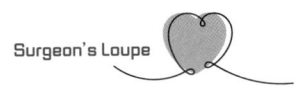

는 왕자(王者)가 되며, 한 번의 싸움으로 승리를 결정 지은 나라는 제자(帝者)가 된다.

예로부터 여러 번 싸워 승리를 거둠으로써 천하를 얻은 자는 드물고, 오히려 망한 자가 더 많았다."

결국 우리가 기억해야 할 싸움의 기술은 딱 한 가지다.

"싸우지 않음으로써 승리하는 것"

바로 이것이다.

22 Andre the giant

Andre the giant!!

그는 프랑스 태생으로 미국 프로레슬링계에서 활동하던 사람이었다. 1946년 생이고 20세에 데뷔를 했고 1992년까지 활동했다고 한다. 은퇴 1년 후인 1993년, 47세의 나이로 사망하기 전까지 그는 "Andre the Giant'라는 이름으로 불렸다. 그는 키가 224cm이었고 몸무게는 236kg까지 나갔었다.

원래 그는 프랑스 시골 출신으로 파리에서 가구 운송회사 직원으로 근무했었지만 엄청난 덩치를 이용해 뭔가 해보려는 생각으로 레슬링에 뛰어들었다고 한다. 처음에는 "몬스터 에펠탑"이란 별명으로 불리기도 했는데, 다른 레슬러들과 비교해도 워낙 큰 체구와 어마어마한 힘을 자랑했기 때문에 거의 패배를 몰라서 "세계 8대 불가사의"라는 별명이 붙었다. 거의 15년간 한 번도 패배하지 않았다고 한다.

하지만 세월이 지나면서 필연적으로 새로운 스타가 등장하고 세대가 바뀌기 마련.

무적의 사나이 앙드레는 새로이 등장하는 헐크 호간을 위해 패배해 주어야 하는 입장에 놓이게 되었다. 하지만 헐크 호간을 비롯하여 미국 프로레슬링 계를 지배하던 프로모터 조차도 앙드레에게 이런 요구를 할 수는 없었다고 한다.

운명이 결정되어야 하는 마지막 경기 전에, 프로 레슬링이 그러하듯 선수들끼리 시나리오를 의논했는데, 마지막 장면, 즉 승부의 결말은 빈칸으로 남겨 둘 수밖에 없었다고 한다. 헐크 호간은 마음으로는 앙드레를 존경하고 형제처럼 여기는데 이런 일을 해야 한다는 것이 마음 아팠고, 또 막강한 힘을 가진 앙드레가 실전으로 나선다면 승부를 예측할 수 없었기 때문에 많이 불안해했다.

호간이 직접 앙드레에게 "오늘 경기는 어떻게 할 것이냐?"라고 물었을 때,

앙드레는 "잘 모르겠다. 하지만 옳은 일을 할 테니 걱정하지 마."라고 했었다고 한다.

막상 경기가 벌어지자 초반은 호간의 힘이 상대도 되지 않아 많은 차이가 났는데, 앙드레가 밀리기 시작하면서 호간 쪽으로 기울기 시작했다. 경기 막판에 이르자 앙드레가 호간에게,

"Slam!"이라고 말했고,

이 말을 들은 헐크 호간은 230kg이 넘는 거한 앙드레를 번쩍

들어 매트에 메어쳤다.

그러자 앙드레는 쓰러진 채로 호간에게 다시 "Leg Drop!"이라고 신호를 보냈다.

호간의 필살기였던 이 기술을 자신에게 행하라고 요구한 것이다. 그리고 자신에게 그 기술이 가해지자 앙드레는 그대로 패배하고 말았다.

바로 이 장면에서 새로운 신성 헐크 호간이 레슬링계의 새로운 황제로 등극하고, 무패의 챔피언이었던 앙드레는 역사의 뒤안길로 접어들었다.

사실, 헐크 호간 못지않게 앙드레 역시 호간을 형제처럼 여기고 있었기 때문에 결국 그의 자리를 물려주었지만. 그가 받은 상처는 단순히 빼앗긴 챔피언 벨트보다 훨씬 더 심각한 것이었다. 늘 선한 이미지의 승자로 군림하던 앙드레는 이 일전을 벌이면서 배신자라는 비난을 받았고, 결국 그 낙인을 벗어나지 못했다. 그는 그 이후 모든 경기에서 배신자, 악한의 역할을 하다 비참하게 지는 역할 밖에 주어지지 않았다.

그 이후 그의 역할은 드라마 〈6백만 불의 사나이〉에서 '싸스콰치' 역할을 한다거나, 일본의 레슬러 자이언트 바바와 팀을 이뤄 흥행성 경기를 하는 정도였다고 한다. 결국 그는 온갖 비난을 받으며 그의 마지막 시간을 보낼 수밖에 없었다.

그는 어마어마한 거인으로 엄청난 힘을 가졌다.
하지만 그가 정상인과 다른 점은 그가 앓고 있는 거인증(Acromegaly : 말단비대증) 밖에 없었지, 그는 여느 사람과 다르지 않았다. 사람들은 그 큰 덩치를 보고 두려워하거나, 어눌하고 낮은 저음의 거인증 환자들 특유의 목소리를 들으며 조금 저능하게 보았을지 모르나, 그는 아주 여리고 섬세한 사람이었다. 그리고 남들에게 시선을 끄는 것을 무척 싫어했다고 한다. 그러나 그는 어디를 가던 보통 사람일 수는 없었다.
많은 사람들이 환호하고 인기가 있을 무렵에는 그나마 견딜 수 있었지만 모두가 다 배신자, 악인이라고 손가락질을 하는 상황에서는 얼마나 힘이 들었을까?
실제로 그는 말년에는 늘 우울하고 알코올 중독이다시피 하게 살았다고 한다. 하지만 그가 이렇게 술을 먹는 데는 또 다른 이유가 있었다. 원래 거인증 환자들은 몸이 한없이 커지고 무게가 늘기 때문에 거의 모든 관절들이 다 손상되고 그로 인한 통증이 말할 수 없을 정도로 심해진다. 그리고 거대한 몸을 지탱하기 위해 계속 과도한 일을 해야 하는 심장도 망가지게 되어 평균 수명이 40대 정도밖에 되지 않는다.

헐크 호간과 경기를 할 무렵, 비록 무패를 유지하고는 있었지만, 앙드레는 스스로 서 있는 것조차 힘겨울 정도로 통증이 심했다고 한다. 그리고 스스로의 수명이 얼마 남지 않았다는 것도 짐작했다고 한다. 그의 영광에 종지부를 찍은 그 경기에서도 그는 호간을 위해 그의 마지막을 장렬하게 꾸미고 연기했다. 남들이 어찌 보건 여리고 섬세한 남자였던 앙드레는 결국 '옳은 일'을 했다.

몸이 더 망가져 움직이기조차 힘들어진 그는 고향으로 돌아와 쓸쓸하게 숨을 거두었다.

참… 마음 아픈 다큐멘터리였다. 사람이 가진 심성은 외모로 짐작되기 힘든 것이다. 하지만 우리는 자주 그런 어설픈 판단을 하는 오류를 범한다. 그리고 단순한 논리로, 그리고 근시안적인 시각으로 사람들에 상처를 주는 일을 서슴지 않는다.

이 프로그램을 보면서 떠오른 영화도 한 가지 있었다.

어릴 적 주말의 명화에서 본 것 같다. 당시 한국말 제목은 기억나지 않는다.

앤서니 퀸 주연의 〈Requiem for a heavyweight〉인데, 번역하자면 〈어떤 헤비급 선수를 위한 진혼곡〉 정도가 되겠다.

이 영화 역시 마음 아픈 내용이었다. 나이 든 헤비급 복서가 신성으로 떠오르는 캐시어스 클레이(훗날 무하마드 알리)와의 시합에서 KO패를 당하고 정신을 잃는다. 선수 대기실에서 정신이 든 안소니 퀸이 스스로 주섬주섬 옷을 입으면서 매니저에게

"그 녀석이랑 다시 붙게 해 줘."라고 하는 장면이 내 기억에 선명하게 남아 있다.

그리고 복잡한 심경으로 그를 보는 매니저의 눈길과 그걸 알아차리는 앤서니 퀸의 깊은 연기력…

영화의 내용은 그리 복잡하지 않았다고 기억한다.

너무 많은 주먹을 맞아 뇌도 손상되고, 아는 것이라고는 권투밖에 없는 무기력한 퇴물 복서의 슬픈 운명이 전개된다. 그리고 그 주변의 인물들도 딱하기는 매한가지였다. 빚을 진 매니저, 그리고 얽히고 설킨 모진 인연들.

마지막 장면에서 앤서니 퀸은 어쩔 수 없이, 권투 지도자로 새 출발을 할 수 있는 기회를 버리고 난쟁이 레슬러에서 한방에 나가떨어지는 어설픈 거인 '인디언' 레슬러 역할로 링에 오르며 영화가 종료된다.

Surgeon's Loupe

    링 위에서 인디언 추장의 모자를 쓰고 토마호크를 들고 인디언의 '비명'을 지르는 장면은 어린 시절이었지만 내 가슴에 아픈 상처처럼 남았었다.
    내겐 정말 비명처럼 들렸었다.

    생각이 점점 많아지는 것을 느낀다.
    단순히 지나쳐 가는 것이 거의 없을 정도로 나는 주변에, 그리고 나 스스로의 감정에 천착하고 있는지도 모른다. 이 시간이 내게 어떤 의미가 있을까, 나는 늘 그런 생각을 한다. 일주일이 월요일과 수요일 외래를 보고 나면 다 끝난 것처럼 여겨질 정도로 심신이 다 소모되어, 그렇게 한 달이, 일 년이 숨 쉴 틈도 없이 지나가고 있다.
    나는 지금 무엇을 하고 있나…
    오늘 내게 앙드레와 앤서니가 전하는 메시지가 참 무겁게 와 닿는다.

23 고슴도치도 어릴 때는 귀엽다

옛말에 고슴도치도 제 새끼는 예쁘다고 한다는 말이 있다.

나는 이렇게 기억하고 있었는데, 원래의 뜻은 "고슴도치도 제 새끼는 함함하다고 한다."라고 한다.

여기서 함함하다는 말의 뜻은 "털이 보드랍고 반지르르하다."라는 뜻이다.

뭐 비슷한 뜻이고, 예쁘다 한다는 것이 더 와닿기는 하니 내가 기억하는 대로 써도 그리 틀린 것은 아닐 것 같다.

사실, 새끼 때는 다 귀엽고 예쁘다. 심지어 제 새끼가 아니어도 고슴도치도 솔직히 귀엽더라.

나중에 어떤 모습이 될지라도, 너무 앙증맞고 안아주고 싶은 심정이 생긴다.

그런데, 이런 모습을 갖는 것이 생물의 생존전략 중 하나라는 말도 있다. 일단 부모들이 보호하고 싶어지고 모성애가 발휘되는 효과가 있을 것이고, 또 집단의 다른 동류들 사이에서도 보호를 기대할 수 있기 때문이라고 한다. 그렇게 살아남고 자라나야 미래에 무엇인가라도 될 테니까.

갑자기 예전에 읽었던 내용이 기억난다. 그 이야기의 내용은 이런 것이었다.

중국의 어느 시대의 어느 나라에서 한 왕이 요즘 말로 하면 좀 '독특한' 취향이어서 어리고 예쁘게 생긴 동자들을 선발해서 곁에 두고 아꼈다고 한다. 어리니까, 그리고 선발되었으니 귀여웠을 것은 분명했겠지.

아마도 현명한 군주와는 거리가 많았을 것 같은 그 왕은, 아무리 중신들이 간하고 막고자 했는데도 귓등으로도 듣지 않고, 동자들이 하는 말이면 뭐든 믿고, 또 무슨 짓을 하건 다 귀여워했다고 한다.

왕이 먹을 음식을 먼저 가로채 먹지 않나, 왕의 수염도 쓰다듬거나 잡아당기는 등 온갖 행태가 그야말로 '목불인견'이었는데도, 왕은 껄껄 웃으며 그건 방자한 것이 아니라 자신에게 피우는 재롱이고, 음식도 '기미'를 한 것이라고 하며 신하들에게 오히려 핀잔을 주었다고 한다.

그렇게 시간이 지나면서, 역시 마찬가지로 현명함이란 없는 그 어린 녀석들은 중신들을 업신여기기 시작했고, 궁 내외에서 피우는 소란과 행패가 점점 더 심해져서 하루도 곱게 지나가는 날이 없었고, 역시 정신을 차리지 못한 왕은 그런 세월을 그대로 보내고 있었다고 한다.

그러나, 이런 일이 계속되면 언젠가는 사달이 나게 마련. 지금은 내가 잘 기억나지 않는 어떤 사건을 계기로, 왕은 드디어 눈에 씌워져 있던 '콩깍지'를 벗게 되었다.

그러자, 그간의 그 오만방자한 녀석들의 행태가, 단순한 애교나 귀염을 받으려는 일이 아니라, 그야말로 행패이자 많은 사람들에게 큰 고통을 주었다는 것이 보이게 되었다.

왕은 그제야 그 동자들을 내치고 벌을 내렸다. (아마도 고대, 중국이니까… 죽였을 것 같다.)

아이러니컬하게도, 왕이 그들에게 내린 벌의 이유는 그간에는 받아들여졌던 모든 것이었다.

- 왕에게 한입 베어 물고 난 찌꺼기를 먹게 한 무도한 행위.
- 왕의 수레를 사사로이 타고 개인의 일을 본 행위.

등등… 수도 없이 많은 '공소사실들'.

처음 왕이 '진술했던' 내용과는 사뭇 다른 험악한 내용들, 그 모든 일은 단 한 가지 만으로도 극형을 피하기 힘든 것이었다.

(이 이야기는 〈한비자〉 세난편(說難扁)에 나오는 이야기로, 춘추전국 시대의 위나라 왕의 총애를 받던 미자하(彌子瑕)라는 미동의 이야기로, 먹다 남은 찌꺼기 복숭아를 왕에게 먹인 죄라는

뜻의 여도지죄(여도지죄)라는 고사성어로 전해진다.)

아마도, 모든 일은 그렇게 흘러가게 마련일 것이다.
고슴도치도 언제까지나 제 새끼를 껴안고 물고 빨고 할 수 없는, 그런 시간이 필연적으로 올 것이다. 결국 그런 시간이 맞은 고슴도치 새끼는 자신 혼자서 살든, 아니면 또 다른 '매력 포인트'를 개발해야 하리라. 적어도 살아야 하거나 보호를 받으려면 말이지. 더 이상 귀엽지 않은 고슴도치는 내일을 위해 뭔가 할 일이 있을 것이다.

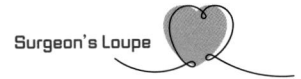

Surgeon's Loupe

24 Not today!

〈탑건- 매버릭〉… 벌써 나온 지 한참이 되었다고 한다.

영화를 좋아하기는 하지만 늘 뒷북일 수밖에 없는 까닭에, 이렇게 한참 늦은 시간이 되어서야 이 영화를 볼 수 있었다.
하루 일과가 끝나고, 몸도 지치고 머리도 전혀 안 돌아가고 있어서 뭔가 할 수 있는 일이 없었던 터에, 이 영화는 상당한(time killing 적인) 매력이 있었다.
스토리도 간단명료하고 스피디하면서도 스택터클 한 것이 소위 3S(simple, speedy, spectacle)를 모두 충족하고 있다고 생각했다.
내가 아직 학생일 때 나왔던 탑건 첫 편의 풋풋하고 매력 있던 탐 크루즈가 여전히 늙지도 않은 모습으로 나오는 것이 놀라웠다(심지어 그는 나보다 한 살 많다고 알고 있다.).
조금 단순하기는 하지만, 거침없이 시원시원하고 공간을 전부 다 활용하는 영상도 좋았다.
아무튼 이 영화 덕에 하루 저녁 즐겁게 지낼 수 있었다.

그런데… 하루 이틀이 지나고 난 후 그래도 여운으로 남은 것이 있다는 것을 깨닫게 되었다.

'이런 영화에 여운이…?'

스스로도 이런 기분이 이상했다. 그만큼 영화 자체는 별 내용은 없었다.

놀랍게 늙지 않는 탐 크루즈와 만만치 않은 제니퍼 코넬리(…그녀는 70년생 밖에 되지 않는다고 한다. 그러니 우리의 탐 크루즈에 비할 바는 못된다.), 하지만 겨우 환자 역을 하고 마무리하게 된(노령에 접어든) 발 킬머와 그가 스러져가는 후광처럼 얼핏 전해주던 카리스마 넘치던 옛날의 그 기억….

이런 기억들이 다 떠오르기는 했지만, 그런 것들이 여운으로 남기는 조금 어려워 보였다.

조금 시간이 흐르고, 이유에 대해 한참을 그런 생각을 하다 겨우 떠올린 것이 있었다.

이 내용은 초반에 스치듯 지나가서 인상에 강하게 남지 않았던 것 같다.

초반에 탐 크루즈는 원래의 이미지 대로 권위에 도전하고 마음대로 행동을 하다 제재를 받게 되는데, 이를 배려해 준 옛 동료 아이스맨(발 킬머) 덕분으로 탑건 팀으로 돌아가 새로운 팀원을 교육하게 된다.

그즈음의 장면에서 이런 대사가 나온다.

"…결국 파일럿이 불필요한 세상이 올 것이다. 미래에는 자동화된 무인 공격기 시스템으로 바뀔 것이다."

이런 상관의 말에 탐 크루즈는 돌아서며 이런 말을 한다.
"Not today, sir."

영어 특유의 촌철살인 식의 멘트다.
하지만 이런 멘트는 또 아주 흔히, 많은 영화에서 혹은 다른 내용에서도 나온다.
그럼… 뭐가 인상에 깊이 흔적을 남겼을까?
처음에는 잘 설명할 수 없었지만, 시간이 지날수록 이런 데까지 생각이 미치게 되었다.
이 이상했던 느낌은, 최근 내가 생각하는 개념과 겹쳐지면서 만들어진 것이 아닌가 한다.

최근이라 할 것도 없이 한참 동안을 우리는 미래에 대한 기대나 두려움으로 살아가고 있는 것 같다. 조금만 있으면 기계나 AI

가 우리 일을 대신하고, 산업을 모두 도맡아 할 가능성이 높다, 그러므로 인간이 설 자리가 없어질 것이다, 그중 정말 도태되는 직업도 생길 것이다….

바로 이 내용이 그 장면에서 내가 인지하지 못하는 사이에 서로 엮여 들어왔었던 것 같다.

이렇게 이입된 내용이 내 머릿속에서 떠돌고 있었던 모양이다.

영화에서 탐 크루즈는 결말이 뻔히 보이는 집단의 미래에도 불구하고 그의 직책과 상황에 고착되어 있을 수밖에 없는 인물이다.

그가 가장 잘할 수 있는 기량은 이제 저물어가는 황혼처럼 보인다. 멋지다는 걸 빼고 나면 그다지 쓸모없으리라는 예상이 가능한 것이다.

그도 그것을 모르지 않는다. 곧 종말이 오리라는 것을 너무나 잘 알고 있다.

하지만 그는 주인공답게 그 모든 우려와 두려움을 떨치고 일어선다.

그리고 한마디에 그의 모든 의지와 심정의 정수를 담았다.

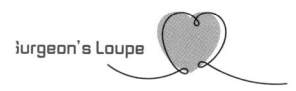

겨우 두 단어로 말이다.

"NOT TODAY!"

그래, 아무리 암울하게 보여도 그게 오늘은 아닌 것이다.

지금 시간에 우리는 또 갈 길이 있다. 우리를 기다리는 상황을 향해.

그리고.. 그 길이 언제 끝날지는 아무도 모르는 일이니.

25 빌헬름의 비명

비명은 대체로 비극적인, 혹은 처참한 상황을 맞거나, 혹은 너무 놀란다거나, 극심한 고통의 상황에 나오는 반응이다.

하지만, 인생사의 다양한 부분을 표현하는 대표적인 예술인 영화에서는 이 비명도 너무 처참하지 않도록, 뭔가 클리셰의 일종처럼 사용한다.

대표적인 두 가지가 있는데, 하나는 빌헬름의 비명(Wilhelm scream)이란 것이 있고, 또 하나는 하위 롱의 비명(Howie Long scream)이란 것이 있다.

다들 한 번쯤은 들어본 적은 있을 텐데, 이것이 이런 명칭을 가지고 있는지는 몰랐을 수 있다.

빌헬름의 비명이란 것은 조금 코믹하게 단말마적 비명을 표현한 것으로 짧은 고음을 내다 약간 목소리가 엇나가는(삑사리 같은) 듯한 하이톤의 비명이다.

이에 비해 하위 롱의 비명은 표현 그대로 내장을 쥐어짜는 듯한(Gut-wrenching) 비명으로, 길게 이어지며 멀어지는 'fall into distance'라는 말로 설명되는 긴 비명이다.

두 가지 중에서 좀 더 긴 역사를 가지고 있고 더 빈번하게 사용되는 것이 빌헬름의 비명인데, 누군가의 비극적인 상황(낭떠러지로 떨어지건 총이나 화살 같은 것에 맞건)인데 이런 것을 웃기게 표현하는 것 과연 옳으냐는 지적도 가능하다.

하지만 이런 기법(?)이 자주 사용되는 것은 너무 아프게 표현하면 자칫 영화나 그 장르의 어떤 작품이 의도하는 목표에 이르기도 전에 감정을 너무 많이 소모해 버리는 상황도 될 수 있기 때문이 아닐까 한다.

처음에 이 비명은 쉡 울리(Sheb Wooley)라는 가수 겸 성우가 녹음한 것이고, 비용 절감을 위해 재사용을 많이 했다고 한다. 이 비명은 주로 단역배우들의 장면에 나오는데, 이 비명 한 번을 위해 일일이 마이크를 채우기도 어렵고, 전용 비명을 따로 녹음하기에도 돈이 드는 것을 고민하다 다른 영화에 사용된 녹음된 비명들을 찾다가 이 파일을 발견했다고 한다.

게다가 하이톤에 웃기기도 하고 재미있는 요소까지 있으니 금상첨화였겠지.

이 비명은 그렇게 발탁되었고, 영화 〈페더강의 전투〉에 등장하는 빌헬름 일병이라는 캐릭터가 화살에 맞으면서 이 비명을 다시 냈고, 비로소 이름을 얻게 되었다. 그래서 〈빌헬름의 비명〉이 된 것이다. 이런 역사와 전통을 보유하고 있으며, 재미있는 요소까지 겸비하다 보니 빌헬름의 비명은 수도 없이 많은 영화나 게임에 등장하게 되었다.

하지만 클리셰라는 것이 다 그렇지만 뭐든 너무 익숙하거나 한 것은 재미를 반감시키고 호기심을 거두어가는 단점이 있다(그래서 누군가 내 어떤 작품?(혹은 어떤 말 같은 것)에 굳이 이 단어를 쓰면 '식상하다'는 말을 하고자 한다고 느끼는 것이다.). 이 비명도 한때 너무 남발되다 지금은 오히려 자제하는 분위기가 되어가고 있다고 한다.
언젠가 기억은 잘 안 나지만, 강호*, 이수#, 이런 개그맨들이 출연한 방송 내용이 기억난다.
아픈 상황을 표현함에 있어 그냥 아파하거나 뭔가 화를 내면 정말 재미가 없어진다고 그 사람들은 말을 했다.
그걸 승화시켜야, 그래서 보는 사람들이 불편하지 않고 웃음으로 연결되도록 해야, 그게 개그맨의 자질이 있는 것이라고 했었다. 그들이 실제로 보여준 샘플(?)은 정말 차이가 났다. 그냥 정상적인 반응과 승화시킨 반응은 사람들의 반응을 정말 다르게 불러일으킬 것 같았다.

　오늘 이 글을 쓰면서 하루 종일 너무나 많은 일들 했음을 기억한다.
　정말 말도 안 되는 소리며, 같잖지도 않은 장면을 우리 모두 많이도 겪고서야 비로소 해가 뉘엿뉘엿 스러지는 이 시간을 맞게 되었을 것이다.
　남의 돈 받기가 어디 쉽던가.

　그렇다.
　바로 이런 장면에서 우리는 뭔가 고차원으로 승화시키는 비법과 같은 일이 필요할 것이다.
　이 시간 한 번쯤은 빌헬름의 비명을 질러 보는 것은 어떠한가?

　물론, 여러 번 하면 '식상해' 지는 것은 물론이고, 자칫 정신과적인 컨설트가 필요하다고 진단을 받을 수도 있으니 그러지는 말자.

Surgeon's Loupe

26 인, 인, 인.
(人, 人, 人.)

지구상에 살아있는 현존 생물 중에 가장 특이한 종(種)이 바로 인류(人類)라고 표현되는 동물이다. 인류는 다른 어떤 종류의 생물군에서도 발견되지 않는 특이한 '사회성'이라는 행동양식을 보여준다.

물론, 엄밀히 이야기하면 사회성을 가지는 동물이 전혀 없는 것은 아니다. 학자들의 연구에 의하면, 지금까지 이 사회성이라는 행동양식은 겨우 20개의 동물 계통에서만 발생했다고 한다. 가장 두드러진 동물군이, 벌거숭이 두더지에서 2회 발생했었고, 개미, 벌, 흰개미 류의 동물집단에서 지금도 사회성이 관찰되며, 영장류 군에서 딱 한번 발생했다고 한다.

하지만 학자들은 단순히 집단을 이루는 동물집단, 예를 들어 아프리카 들개나 늑대 등을 사회성이 발생했다고 정의하지는 않는다. 이를 구분하기 위해 진사회성(眞社會性 : Eusociality)이라는 어려운 단어를 사용한다.

이 진사회성이라는 정의는 ;

1) 적어도 2세대 이상으로 이루어진 구성원을 가지는 집단에서,

2) 분업과 이타적인 행동을 통해 사회를 유지해 나가는 집단을 뜻한다.

그런데 우리와 같은 진사회성을 가진다는 흰개미나 꿀벌보다 인류가 다른 점은 무엇일까?

일단, 인간은 다른 진사회성 동물집단과 달리 구성원 모두가 번식능력을 가지고 있다. 그리고 구성원이 다 획일적인 역할을 가지고 있는 것이 아니고, 개인의 계급이나 부족 간의 능력 차이와 구별이 불명확하다.

말하자면 언제든 이합집산이나 역할의 변화가 가능하다는 말이다. 즉, 모든 구성원이 개인의 성공을 위해 경쟁이나, 심지어 투쟁까지 불사할 가능성이 늘 존재한다. 그리고 몇몇 개체들이 모여 작은 소그룹을 이루고 나면, 집단들 간의 무한경쟁을 추구하는 호전성까지 가지고 있다.

이렇게만 놓고 보면 인류는 진사회성으로 진화할 가능성이 아주 많이 희박해 보이는 'impossible'한 동물이다. 그럼에도 불구하고 인류는 고도로 진화한 진사회성을 기반으로 문명을 일궈 왔으며, 이 진화는 지금도 계속 이어져 가고 있다. 정말 불가해한 일이 아닐 수 없다.

그럼 도대체 왜, 그리고 어떻게 이런 진화가 가능했을까?

인류 특유의 지능?

물론 한몫을 담당한 것은 분명한 사실이다. 인류는 진사회성 동물 군 중에서도 가장 큰 몸집과 뛰어난 지능을 가지고 있다. 이 특징은 분명 도움이 되었을 것이다.

하지만, 개인별 능력이 탁월한 이런 특성이 어느 순간 특정한 계기가 생기면 바로 개인 간, 집단 간의 무한 경쟁과 싸움으로 변질될 가능성도 매우 높기 때문에 이 사실만으로는 설명이 부족하다.

추가적으로 설명이 가능한 이유는 이런 것이 있다.

이런 위태로운 상태에서 집단을 이루며 살아가려면, 인류에게는 뭔가 전략이 필요했을 것이라는 점이다. 자신이 상대하고 있는 대상이 친구인지, 적인지 감별하고 그의 감정과 의도를 파악해야 살아남을 가능성이 높았기 때문에, 그리고 개인이 모든 가상의 적을 다 상대하는 것보다 집단을 이루는 것이 더 용이했기 때문에 인류는 초기부터 전략을 수립해 왔다는 것이다.

높은 지능을 이용하여 개체 간, 소규모 집단 간의 동맹과 협력을 이끌어냈을 것이고, 경험과 기억을 다시 새로운 전략을 수립하고 개인, 집단의 선택을 하는데 재사용함으로써 점점 더 고도화된 집단으로 성장해 나갔을 것이라는 설이 지금은 가장 유력하다.

그렇기 때문에 현재 인간들은 고도의 지능뿐만 아니라, 최고도의 사회성을 보이는 특이한 동물로 진화되어 온 것이다.

이런 진화 과정을 보면 인간이 왜 그렇게 지극히 이기적이면서도 또 한편으로 비이기적이고 인도적이라고 표현되는 특이한 감정을 동시에 지니고 있는지 이해가 된다. 현재까지는 어떤 동물도 한 개체 내에 이런 상반된 특징이 공존하는 예는 없다고 한다.

그러나 이런 특성을 공통적으로 가지고 있었던 수많은 인류의 유연종(有緣種)들 중에서 오로지 호모사피엔스만 살아남아 고도의 문명을 이룩한 것이 무슨 연유인지는 지금의 이론들만으로는 잘 설명되지 않는다.

뭔가 많이 부족하다. 현대의 인간을 설명하려면 이보다 더 적절한 이론이 있어야 한다.

일단 인간의 특징을 먼저 알아볼 필요가 있겠다.

인간은 다른 동물군에 비해 몸집이 크고 쉽게 이동할 수 있는 능력이 있다. 즉, 뭔가 위해요인이 있으면 이에 맞서거나 재빨리 피해서 생존할 가능성이 높았다. 그리고 집단을 이루고 불을 사용하고 도구를 개발함으로써 생존을 위한 가장 어려운 문턱을 다른 동물들에 비해 쉽게 넘을 수 있었다.

인간의 지능에 필적할 만한 동물로 돌고래가 자주 거론된다. 이 동물군도 몸집이 크며 빠르고, 또 집단을 이루고 긴밀한 협력과 사회성을 보인다. 심지어 소통 수단인 종(種) 자체 특유의 언어도 있다고 믿어진다. 하지만 결정적으로 불, 즉 확실한 에너지원을 확보할 수 없는 환경에서만 살아가기 때문에 높은 지능에도 불구하고 인간과 같은 진화는 이루어지지 않았다는 것이 정설이다.

그럼 호모사피엔스와 먼 친척뻘인 다른 영장류들은 왜 인간처럼 진화하지 못했을까? 그들도 불을 사용했고, 언어도 있고 심지어 사회의 문화도 있었다는 증거들이 있는데 말이다.

우리들은 마치 현생 인류가 선택받은 존재라는 선민사상에 푹 빠져 있는 것 같다. 하지만 진화론적 관점으로 보면, 우리의 진화는 필연이 아니다. 오히려 오랜 시간에 걸쳐 나타나는 난관들을 만났을 때, 그 절체절명의 장면에서 그 난관을 뛰어넘을 수 있느냐, 아니냐로 진화 혹은 멸종의 갈래길로 갈라졌을 것이고, 다행히 현생 인류는 자연선택의 섭리에 따라 아직 살아남아 있다는 것이다.

이 이론으로 보면 지금의 인간들보다 체격이나 강인함에서 월등했던 네안데르탈인의 멸종을 설명할 수 있다. 그들은 큰 체격을 유지하기 위해 더 많은 칼로리를 섭취해야만 했고, 이를 탁월한 운동능력을 바탕으로 한 사냥을 통해 해결해 왔다. 실제로 그들은 당대의 최상위 포식자로 자리를 잡았었다. 하지만 빙하기가 찾아오면서 건조해지고, 초목이 부족해지자 먹잇감인 초식동물들이 사라져 갔고, 네안데르탈인들이 살아남기 힘든 환경에 처하게 되었다.

이에 비해 당시 적어도 20만 년 이상을 네안데르탈인과 동시대에 살아가던 호모사피엔스들은 상대적으로 작은 몸집과 다양한 먹이에 의존하는 생활 습성 때문에 어려워진 환경에도 살아남아 오늘을 맞을 수 있었다는 것이다.

그러니 이런 과정은 미리 안배되어 있다거나 신의 선택이 아니라 오로지 시간과 장소에 적합한 '우세형질'을 가진 개체가 살아남는다는 자연선택에 의해 우리가 '인간'이라는 존재로 여기 살아가고 있는 것이다.

과학자들의 분석에 의하면 현생 인류가 되기 위해서는 적어도 1000억 마리의 개체가 진화과정에서 도태되어야 했었다고 한다.

(이 이론을 보니, 예전에 친하게 지내던 기자 형이 했던 말이 기억난다.

"너, 정자하고 기자의 공통점이 뭔 줄 알아?"
"그게 뭐죠?"
"야, 이런 건 좀 알아야지! 둘 다 인간 될 확률이 수억분의 일이란 거야!"

당시엔 기자들도 스스로를 알긴 하는구나, 하는 것을 깨달을 수 있었다.
그리고 이게 정말 무섭도록 정확한 '과학을 근거로 한' 분석이었다는 것을 오늘 다시 깨닫게 된다.)

그러니 인간이 인간이 되기 위해서는 정말 인간답게 살아야 하지 않겠나.
이렇게 어려운 과정을 거쳐, 집단의 진화와 개인의 진화(생물학적인 인간이 되기 위한 과정)를 다 거쳐 인간이 되었는데 말이다.

제목으로 채택한 글은, 어떤 코미디 영화에서 봤던 대목을 차용한 것이다.

人, 人, 人.
즉, 인간이 인간다워야 인간이다.
한마디만 덧붙이자면,

人, 人, 人. 人, 人!
인간이 인간다워야 인간이다. 인간답게 살아라, 인간아!

Surgeon's Loupe

27 세고익위
(勢高益危)

이 말은 「사기(史記)」에 나오는 고사성어다.

나오는 대목은 일자열전(日者列傳)인데, 여기서 일자라는 것은 어떤 특정 인물을 가리키는 말이 아니고, 길흉을 점치는 점쟁이나 역술가를 칭하는 말이라고 한다.

초나라의 조정관리들이 〈역경(易經)〉을 보고 감탄을 하게 되었다고 한다. 그들이 생각하기에 이런 역경의 내용을 통달하고 있는 사람이라면 길흉화복을 죄다 예견할 수 있고, 이를 바탕으로 천하를 편안하게 할 수 있으리라고 생각을 하게 되어 역경에 능통한 사람을 수소문하기 시작했다.

그러던 중 그들이 시장 거리를 배회하다, 한가롭게 제자들과 이야기를 나누고 있는 한 사람을 발견하게 됐는데 (역시 이름을 굳이…) 이 사람은 천지의 시작과 종말, 일월성신의 규칙, 그리고 인간의 도리와 길흉 등 방대한 규모를 질서 정연하게 설명하고 있었다.

이를 듣고 감복한 두 사람은 그에게

"이렇게 훌륭한 분이 조정에 출사 하지 않고 어찌 이리 천한 일을 하십니까?"라고 물었다고 한다.

그러자 그 역경의 대가는 벌컥 화를 내며 그들의 말을 조목 조목 비판했다.

"조정의 관리라는 자들은 봉록에 급급하여 공적을 늘어놓기에 바쁘고, 사사로운 이익을 추구하여 백성에게 포악한 짓을 일삼으니 어찌 훌륭하다 할 것이며, 인간의 길흉화복을 점치는 일보다 조금이라도 나은 점이 있느냐?"

그의 일갈에 두 관리는 탄식하고 물러날 수밖에 없었다.

그들이 결론지은 말이 바로 오늘의 고사성어 내용이다.

"도는 높을수록 편안하고 권세는 높아질수록 위태롭다. 혁혁한 권세를 누리면 언젠가 스스로를(몸을) 망치는 날이 올 것이다. (道高益安, 勢高益危, 居赫赫之勢, 失身且有日矣)"

물론 관직에 나서거나 정치를 하는 사람들이 모두 다 올바르지 않다는 말은 아니다.

정직하고 명예로운 사람들도 많(을 것이)다.

하지만 고래로 이런 말이 전해지는 것은 그들의 직업적 특징이 이런 위험에서 자유롭지 않다는 말이 되겠다.

누군가의, 혹은 어떤 집단의 지도자가 된다는 것은 무서운 일이다.

 그 자리의, 혹은 감투의 무게를 이기고, 온갖 유혹에서 스스로를 지켜야 하고, 또 자신의 양심이 외치는 소리를 외면해서는 안되기 때문이다. 오늘의 명언처럼 자리의 위치가 높아질수록, 그 하중은 더해갈 것이고, 위기는 더 날카롭게 파고들 것이다.

 이렇게 어려운 일을 왜 하느냐는 것이 나 같은 범인들의 사고 방식이지만, 누군가는 그런 더러운 빨랫감(dirty laundry: 집안에서 숨기고 싶은 뭔가를 뜻하는 영어식 표현)을 다루어야 한다. 꼭꼭 숨겨두거나 외면한다고 될 일이 아니니 말이다.
 하지만, 모름지기 큰 일을 하려고 나섰다면, 처음의 의기를 잃지 말고 스스로를 가다듬어 길이 아름다운 이름을 남기게 되기를 축원해 본다.
 물론 이런 말을 하면 좀 얄밉게 느껴질 수도 있을 것이라 생각된다.
 하지만, 조금 변명을 하면, 나 같은 부류는 그런 재주를 타고나지 못해서 (안타깝지만) 그 길로 가지 못하는 것이라 너른 마음으로 이해들 해 주시고, 당신들이 선택한 길에서 마음껏 기개를 펼치고(제발, 꼭, 원래의 의미 그대로) 대성하시길 바라는 마음이라는 것을 꼭 말해주고 싶다.

    다시 한번 오늘의 말씀을 기억하자.
    너무 혁혁한 권세에 취하면 언젠가 자신을 망칠 일을 경계하기 어려운 것이다(道高益安, **勢高益危, 居赫赫之勢**, 失身且有日矣).
    그러니 언제나 처음 마음을 잊지 말도록 하자.
    아, 그리고 이런 교훈을 준 사람 이름 정도는 기억하는 것이 옳다는 생각이 들었다.
    오늘의 주인공, 저잣거리의 현자인 그의 이름은 사마계주(司馬季主)였다.

Surgeon's Loupe

6장

외과의사로 사는 방식

28 오늘, 편작(扁鵲)을 생각한다
29 사문난적(斯文亂賊)
30 블랙잭
31 때깔있게!
32 백양목을 짊어진 노새

28 오늘, 편작(扁鵲)을 생각한다

그는 춘추전국시대의 사람(기원전 401-310년)으로 이름은 진월인(秦越人)이다.

(이 이름은 예전에는 느끼지 못했는데, 오늘 다시 보니 참 절묘한 뜻이 담겨 있다는 생각이 든다. 나중에 천하를 통일하는 진(秦) 나라가 성씨고, 이름은 또 중국 남부에 있는 월(越) 나라 사람이라니…)

그는 발해군(지금의 허베이 성과 산동성 부근) 출신으로 정(鄭) 나라 사람이다. 장상군(長桑君)이라는 사람에게 의술을 배웠는데, 특히 맥박에 의한 진단에 능했으며, 다양한 약초나 침을 사용해 치료를 했다고 알려져 있다. 그는 난경(難經)이라는 책을 쓴 것으로 알려져 있는데, 이 책은 기존에 존재하던 난해하고 어려운 의학 이론들을 간결하게 정리하고 이해가 쉽게 문답형식으로 기술한 것이다(그래서 이름을 어려운 경전이라는 뜻으로 지었을 것이다.). 이 책은 지금도 중국의학의 귀중한 문헌으로 인정되고 있으며, 지금까지 이어져 오는 맥법(脈法)은 편작에서 시작된 것이라고 한다. 그는 중국 전통의학의 개조(開祖)이자 약왕(藥王)으로 추앙받고 있다.

그에 관한 에피소드는 무수히 많지만 가장 유명한 것으로는 '죽은 사람도 살려냈다'고 하는 것이 있다.

그 내용은, 괵국(虢國)의 왕자가 병에 걸려 죽었는데(혹은 그렇게 판단 됐는데) 편작이 소생시켰다고 하는 것이다. 그러나 실제로는 그 왕자는 열병에 걸려, 잠시 숨을 멈춘 것으로 보였을 뿐인데, 다들 죽었다고 판단한 것이었고, 이를 정확하게 알아본 편작이 그를 치료해 '되살렸다'고 한다. 그러니 진정 정확한 진단이 중요한 것이라 하겠다.

그는 또한 병증을 미리 알아채고, 미연에 치료를 하는 것을 중시했다고 한다. 그에 관한 내용은 「한비자(韓非子)」에 전해 오는 이야기가 있다.

제나라의 환공(桓公 : 유명한 강태공의 12세 손으로 춘추시대 5패 중 한 명이다.)을 처음 만났을 때, 편작은 그에게 작은 병이 있음을 간파하고 즉시 약을 처방해 주겠다고 했지만, 아무런 불편이 없었던 제환공은 이를 거절했다. 그 이후 조금 세월이 지났을 때, 다시 본 환공은 병세가 조금 더 깊었고, 편작은 아직은 약으로 다스릴 수 있는 상태이니 지금이라도 약을 복용하라고 했지만, 역시 말을 듣지 않았고, 이후 세 번째로 환공을 만났을 때는 스스로가 병증을 느낄 수 있는 단계여서 편작에게 치료를 부탁했지만, 편작이 보기에 이미 병증이 너무 깊어 어찌할 도리가 없었다고 한다. 그리고 얼마 후 제환공은 사망하고 말았다고 한다.

그는 이렇게 병이 조금이라도 덜 악화된 상태에서 신속하게 치료하는 것을 중요하게 생각했고, 무엇보다 그런 불행한 일이 생기기 전에 예방이 더 중요하다고 강조했다고 한다.

이에 덧붙일 만한 이야기로는, 편작에게는 3형제가 있었는데, 모두 의학에 능통했다고 한다. 그중 누가 가장 의술에 능하냐는 질문을 받고 편작은 이렇게 답했다고 한다.

"첫째 형은 병이 발생하기도 전에 미리 알아차려서 예방할 수 있도록 조치해 주기 때문에 가장 의술이 뛰어나고, 둘째 형은 병이 드러나기 시작할 즈음에 철저하고 근본적인 치료를 해주기 때문에 아주 약한 고통만 느끼게 하고 낫게 하는 기술이 있어서 두 번째로 훌륭하고, 자신은 환자의 병세가 깊어 고통을 호소할 때 비로소 치료를 하기 때문에 가장 떨어진다."라고 했다고 한다.

다만 그는, 환자의 고통이 극에 달했을 때 치료를 해 주기 때문에 환자들이 고마워하면서 명의라고 일컫는 것일 뿐이라고 했다고 한다. 어찌 보면 겸손한 말이지만, 그 내포된 의미는 매우 크다 하겠다.

편작은 또, 여섯 가지 불치의 병, 혹은 상태에 대해 언급했다고 한다.
그는 이 중 한 가지라도 있으면 너무 위중하여 치료를 하기 어렵다고 했다 한다. 그 내용은 다음과 같다.
첫째는 교만하거나 자만하여 스스로 돌보지 않는 것,
둘째는 몸을 가볍게 여기고 재물을 중시하는 것,
셋째는 의, 식에 절제하지 않고 적시적소 하지 않는 것,
넷째는 음과 양을 제대로 다스리지 못해 서로 맞서 오장육부의 기가 안정되지 않는 것,
다섯째는 몸을 함부로 굴려 약이 듣지 않는 상태,
마지막으로는 무당의 말이나 점을 믿어 의사의 말을 믿지 않는 것.
이런 불치에 대한 견해는 오늘날 상황에 대입해 보더라도 논리 정연하고 이치에 어긋남이 없는 것이다.

그럼, 이참에 편작이 활동하던 시기의 중국 상황을 한번 알

아볼까?

고대로부터 중국에서는 의사들의 계급이 그리 높지 않았다. 그건 특이한 일이 아니라, 전 세계적으로 공통적인 현상이었다.

또한, 의사들이라고 다 같은 의사는 아니었다고 한다. 주(周)나라(BC 1046-771) 시대부터 의사들의 등급이 나뉘어 있었는데,

최상위 등급은 관리의사(superintendent doctor)였고, 식음료와 음식을 준비하고 관리감독하는 식이담당 의사(diet doctor), 내부의 질환을 담당하는 의사(internal ailment doctor), 그리고 다음이 상처나 궤양, 골절 등을 치료하는 상처치료 의사(wound doctor), 마지막으로 수의사(veterinary doctor)였다고 한다.

고대 중국에서는 의사의 계급은 예술가(악인, 재인 화가 등 포함), 수공업자와 동급이었으며, 여기에서 보듯이 외과 의사는 그 중에서도 하바리에 속했다고 한다.

그게… 그랬었나 보다. 오늘날 외과의사가 낙수 의사니 뭐니 하는 취급을 받는 데는 다 오랜 근원적인 이유가 있었던 것이 아닐까?

최근 나는 모든 갑상선암 환자를 다 보기에는 여력이 없어서,

언젠가부터 심각하게 진행된 암이나 재발한 암 환자들만 보도록 스스로 제한을 하기 시작했다.

그러니 편작의 말에 의하면, 지금의 나는 의사들 중에서도 하층 등급이다, 일이 크게 벌어지고 난 다음에야 치료를 하는 하수 중의 최하수가 된 것이 맞나 보다.

하긴, 나랏일을 하는 의사들을 보니 죄다 '예방'을 전문으로 하는 사람들이더라. 우리가 보기에 그들은 현장에서 환자들과 고락을 같이 한 적이 한 번도 없는, 따라서 의사도 아닌 것들이 의사인 척하는 집단이라고 생각했더니만…

그게 아닌 모양이다. 크게 되려면 역시 '예방'을 해야 하나보다.

다시 편작으로 돌아가 보자.

편작의 이름은 한자 그대로의 뜻은 작은(扁) 까치(鵲)가 되는데, 중국을 비롯한 동양권에서 까치는 기쁜 소식을 가져오는 길조라 생각하는데, 기쁜 소식을 전하는 존재라는 의미를 담고 있다. 그리고 작다는 뜻의 편자도 다른 의미로는 널리, 두루라는 뜻도 있다고 한다.

Surgeon's Loupe

그의 행위 자체가 기쁜 소식과 희망을 주는(생명을 살리는) 일이기 때문에, 그의 이름은 더더욱 시사하는 바가 크다.

진월인이란 그의 본명 자체도(내가 생각하기로는) 당시의 '세상'이라는 무대 전반을 아우르는 뜻을 내포하고 있는 것이어서, 편작은 국경 같은 따위에 구애받지 않고 모든 세상에 기쁜 소식을 널리 알리는 치유의 존재라는 의미가 될 것이다.

그렇다…

모든 의사들이 어릴 적에는 이런 꿈을 가지고 성장하는 것이 맞을 것이다. (적어도 우리 세대는 그렇게 커왔다.)

세상이 아무리 '이상하게' 변해가더라도 이런 꿈만은 잊지 않았으면 한다.

하루하루 지쳐가는 이 끝나지 않을 시간에, 편작을 다시 한 번 떠올려 본다.

29 사문난적
(斯文亂賊)

며칠 전에 어떤 유튜브 출연 제안을 (또) 받았다.

그 형식은 자유롭게 수다 떨듯 하는 것인데, 그날의 메인 주제는 의사-과학자를 기르는 정책에 대한 의견 제안이었다.

무슨 정책이든 성공하면 '환상적인' 미래를 보장할 수 있을 것은 분명하다. 나는 개인적으로 그렇게 믿는다. 하지만 그 과정을 좀 섬세하게, 그리고 좀 더 진중하게 생각할 필요가 있다. 아무리 좋은 제도이고 미래가 밝다고 한들, 그를 성취하기 위한 길이 어렵고 지속가능 하지 않은 어려움이 있다면 그야말로 그건 '환상'에 불과하기 때문이다.

나는 이날 내가 늘 주장하던 바 그대로를 자연스럽게 말했다.
"쓸데없이 모든 의사가 MD이자 PhD인 지금 이 현상은 오랜 시간 지속되고 있는 낭비다."

이런 말을 비롯하여 요즘 들어 정부 정책이 의사-과학자를 키우겠다고 하는데, 그 과정에 드는 막대한 비용이나 시간을 허투루 쓰느니, 오히려 그 두 분야 사람들이 어울려 의견도 나누고 소통할 수 있는 멍석을 깔아 주는 것이 낫다,

등등의 말을 많이 했다.

사회를 보는 분은 내가 개인적으로 존경하는 분인데, 그분이 그날 '진단한' 바로는,

"장교수님은 의대 사회에서 좋아하지 않을 것 같다."였다.

내 대답 역시.

"같이 술 먹기는 좋은데, 정책을 같이 논하면 많이 피곤해하는 것이 맞다."

는 것이어서, 둘은 같은 결론에 이를 수 있었다.

그날 내가 왜 갑자기 그런 말이 떠올랐는지 모르겠는데, 나는 도입부 정도에서 '사문난적(斯文亂賊)'이라는 단어를 사용했었다. 바로 딱 느낌이 왔었던 까닭이었는지도 모르겠다.

나 스스로 생각해도 나는 의대 사회에서는 사문난적에 해당할 소지가 많다.

전통적인 규율에 성실하지 않고, 다들 원칙이라 믿는 부분에 의문을 제기하는가 하면, 실제로 그런 경계를 넘나드는 '위험한' 인물이기 때문이다.

이제는 정리를 조금씩 해 나가야 하는 입장으로 생각하면, 내가 지나온 길은 거의 평탄한 적이 없었다. 그리고 좌충우돌하다

시피 한 많은 일들과 긴 시간이 있었다.

그 역사에서 내가 배운 것은 틀을 벗어나지 않으면 결코 발전은 없다는 것이었다.

내 생각에 따르면, 선배들이 쌓아 올린 업적에 따라갈 생각만 한다면 그건 오히려 사회에 해가 되는 인사라 봄이 타당하다. 물론 무조건 배척하려 드는 녀석은 애초에 '인간 되기 쉽지 않은' 자라 봐야 하겠지만, 뭔가 새로운 도전을 하고 개척을 해 나가려는 의지가 없다면, 나는 그런 사람이 굳이 대학에 남아 있어서 서로에게 도움이 될 가능성은 거의 없다고 생각한다.

사문난적이라는 이 단어는 우리나라의 고질적인 당파싸움을 지적하려 할 때 주로 등장하는 단어다. 유교에 반대하는 자를 지칭하는 말이지만, 조선 후기가 되자 '정주학(程朱學)'의 이론에 반대하는 의견을 가진 유학자들을 집중적으로 공격할 때 주로 사용되었다. 당시 사회에서는 붓 한번 잘 못 놀려도 일족이 몰살될 가능성도 있었기 때문에, 이렇게 사문난적으로 찍히기만 해도 당사자의 목숨은 물론이고 정말 패가망신했을 것이다.

하지만 조금만 신중하게, 깊게 본다면 조금 다른 면을 발견할 수 있다.

주자(朱子)가 해석한 유교 경전만을 만고불변의 진리로 보는 '주류 유학자'들이 맹신하는 것과는 달리 주자도 틀릴 수 있고, 다른 해석도 충분히 제시될 수 있는 것이 학문의 길이기 때문이다.

실제로 주자학의 태두라 일컬어지는 송시열 자신도 주자가 틀릴 수도 있다고 했으며, 주자마저도 다른 유학 이론을 제자들에게 듣게 했다는 전례가 있다고 했다.

그리고 개혁 사상가에 속하는 이익은 이런 말을 했다.

"한 글자라도 의심을 품으면 요망하다 하고, 글귀를 서로 비교하면서 고찰하기라도 하면 죄를 짓는 것이라고 하니… (중략) … 우리나라 사람들의 학문은 노둔함을 면하기 어렵다."

진정 그러하다.

학문이라는 것은 살아 움직이는 생명체와도 같아야 한다. 끊임없이 발전하고 변화하며 유연해야 한다. 고착된 사고로는 어떠한 발전도 일어날 수 없다.

마지막으로 외국 사람들의 말을 인용하며 마무리했으면 한다.

"책과 문헌에만 집착하는 자들은 백양목(白楊木 : Sandal

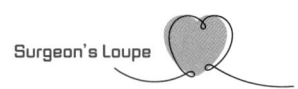

wood)을 짊어진 노새와 같다. 그는 그 무게만을 느낄 뿐, 그 진정한 가치를 알지 못한다."- 수스루타. (인도 아유르베다의 저자)

"마차를 아무리 연결해도 기차가 되지 않는다." - 조지프 슘페터(독일 경제학자)

모름지기 발전하고자 하는 사람이라면, 진정한 가치를 알 수 있도록 안목을 넓히고, 단순한 반복이 아니라 창의적인 상상력으로 기존의 틀을 깨뜨릴 준비가 되어 있어야 하고, 그럴만한 용기를 가지고 있어야 한다.
비록 사문난적으로 찍힐 가능성이 높다 하더라 말이라도 말이다.

관련 유튜브 :
https://youtu.be/J8I17sp__Y8?si=WvFBfnb0MSYAll1d

30 블랙잭

내가 말하고자 하는 이 것은 카드게임이나 그와 유사한 질이 좋지 않은 그런 것이 아니다.

(그러나, 만약 공부 외의 것을 다 나쁘다고 칭하는 사람들에게는… 음, 사악할 수는 있겠다…)

이것은 테츠카 오사무의 걸작이다. 일본 만화의 아버지라 불리는 이 작가는 불세출의 걸작, 〈우주소년 아톰(일본명은 철완아톰)〉, 〈밀림의 왕자 레오(일본명 밀림의 대제)〉, 〈리본의 기사〉 등등 수도 없는 만화들로 우리의 어린 시절을 풍미했었다.

그가 쓴 여러 걸작 중에서 가장 아이들의 동심에 적합하지 않은 이 만화는 의학을 만화의 소재로 채택한 최초의 작품이다. 실제로 일본에서는 이 만화가 발표된 70년대 중반에 이를 읽고 의학의 길로 나서게 되었다는 사람들이 많을 정도로 강한 인상을 남긴 작품이다. 그리고 이후 이어지는 수많은 과학, 혹은 의학을 소재로 한 만화들이 이 작품을 오마주(homage)하고 있는 것이 사실이다.

내가 언급한 대로 이 만화는 상당히 사악한 분위기가 넘쳐 흐른다.

일반적으로 '의학'이란 이름이 붙는다거나 이를 소재로 한 작품들에게 대부분의 사람들이 갖는 환상은 휴머니즘이라거나 아니면 감동적인 결말, 역경을 이기고 병을 극복하는 이야기일 것이라는 바로 그것이다.

그러나 이 작품은 이런 환상을 여지없이 비웃으며 단숨에 그 숨통을 짓눌러 버린다.

이 만화의 내용은 대충 이러한 것이다. 어린 시절 큰 사고로 얼굴의 반을 잃게 된 아이가 있었는데, 아무도 피부를 기증하고자 하지 않는 상태에서 한 흑인 소년이 자신의 피부를 제공하게 된다. 사고를 당한 아이는 여러 번의 수술과 긴 치료과정을 거쳐 겨우 낫게 되었지만 검은 피부를 한쪽 얼굴에 이식받은 결과 얼굴색이 반반 짝짝이 색이 되어 세인의 놀림감이 된다.

그러나 이 아이는 고독하고 어려운 성장과정을 거쳐 결국 훌륭한 외과의사로 성장을 하게 되었다. 그는 평범한 외과의사가 아니라 기존의 학설을 뛰어넘는 비상한 기술과 기상천외한 아이디어로 수많은 난치성 질환을 치료하는 탁월한 실력자가 된 것이다. 하지만 기성 의학계에서는 역시 이 의사를 받아들이지 않고 그의 의술을 파문하고 철저히 탄압하게 되었다.

그 결과 그는 의사자격증을 박탈당하고 떠도는 낭인이 되었다. 그러나 그의 의술을 아는 사람들은 무슨 수를 쓰더라도 그에게 수술을 받고 치료를 받고자 하였고, 결국 그는 요샛말로 '야매' 혹은 무자격 시술자가 되어 기존의 제도권에서는 늘 쫓기는 수배자요, 어둠의 세계에서 암약하는 '사악한 자'가 되었다.

자신의 시술에는 엄청난 돈을 대가로 요구하고, 수가 틀리면 어떤 일이 있더라도 수술해주지 않는 것은 물론이요, 기존의 사회 가치관에 얽매여 있지 않기 때문에 철저하게 자기 이익만을 위해 살아가는 전형적인 악당이다.

물론 그런 그의 활약상에는 또 다른 이면이 존재한다.

이 어둠의 의사는 단신으로 세상을 떠돌며 부패한 사회를 강도 높게 비판하고 비웃으며 진정 인간적인 것이 무엇인지 망각해가는 사회의 아둔하고 실제 더 어둡기까지 한 바로 그 약점을 신랄하게 까발린다. 가려운 부분을 통쾌하게 긁어주는가 하면, 숨기고 싶은 깊은 일면까지 가차 없이 찔러 대는 것이다.

그러면서도 정작 약자나 정의가 필요한 곳에는 언제나 목숨을 걸고 뛰어드는 영웅적인 면까지…

참으로 이중적인 매력을 지닌 주인공을 우리는 만날 수 있다. 그의 얼굴이 상징하는 복선적 의미, 바로 야누스적인 매력 말이다.

이 만화에서 어둠 속에서 수술을 해서 죽어가는 사람들 살리기도 하고, 죽은 자의 조직을 새로운 방법으로 되살려 내기도 하는 등 비과학적인 면이 없다고는 물론 하지 않겠다. 그러나 실제로 의사였던 테츠카 오사무는 많은 부분에서 의학적인 내용을 사실적으로 다루었고, 상상이나 만화적인 특징을 제거하면 상당히 수준이 높은 의학의 지식수준을 보여주고 있다.

내가 처음으로 이 만화를 접한 것은 기숙사에서 우리 학교의 각 학년마다 2명 이상은 있었던 재일교포 학생들이 방학이 지나서 학교로 복귀하며 가져온 일본 만화잡지를 통해서였다. 일본말을 알지 못해 그림만 보다 이해가 안 되면 해석을 그들에게 들어가며 본 것인데, 깜짝 놀란 대목이 있었다.

내 본과 3학년 당시 그들이 가져온 잡지에서 우리의 블랙잭은 Graves' disease(갑상선 기능항진증의 대표적인 질환)의 부작용 중 치명적인 thyroid storm이란 질환을 치료했다. 이 병은 '폭풍'이라는 이름처럼 갑상선 기능과 온몸의 내분비-신경계의 기능이 순식간에 폭발하듯이 증가해서 사망에 이르는 위험한 상태를 말한다.

이 만화에서 우리의 주인공은 여러 약을 순서대로 써가며 적절한 조치로 환자를 회생시켰다. 정말 기가 막힌 내용이었다. 이 인상 깊은 장면이 내 머리를 늘 떠나지 않았는데, 더 놀라운 것은 그해 말, 학년말 고사에서 일어난 일이다.

한 달 넘게 시험 일정에 치여서 거의 죽어가던 내가 준비가 참 미비하게 되었던 어떤 시험에서 (아마도 내과학 시험이었던 같다.) 문제를 풀어가다 발견한 것이 "thyroid storm의 치료법을 기술하시오."라는 아주 비중이 큰 기술형 문제였다. 정말 하늘이 도우사, 아니 테츠카 오사무가 도우사 나는 준비가 미비했음에도 완벽한 답안을 기술하고, 따라서 상당히 괜찮은 성적을 거둘 수가 있었다.

바로 만화가 의학 공부에 도움이 되기도 한다는 새로운 발견을 한 순간이었다.

이 만화가 의학적으로 탁월한 것은 이뿐만이 아니었다. 아직 제대로 아는 것도 없는 학생시절 내가 보았던 만화 속의 수술 장면을 외과 레지던트가 되고 난 후 기억해 내어서 위기를 모면한 경우까지 있었으니 말이다.

당시 1년차였던 내가 참가한 수술은 장중첩증이란 응급수술이었는데, 장이 꼬이면서 말려드는 병으로 장을 빨리 풀어주지 않으면 장이 괴사되고 결국 장을 잘라 내야 하는 위급한 수술이다. 이 수술을 하고 나서도 다시 꼬이는 경우가 있기 때문에 장을 풀어주는 것 만으로는 부족하고 다시 말려 들지 않게 조치를 하는 방법들이 여러 가지 있다.

대학병원에서는 주로 암 위주로 진료가 이루어지는 것이 사실이라 이런 수술에 참여한 경험이 저년차 레지던트에게 있기는 좀처럼 어려운 일이다.

모처럼 이 수술을 하게 된 교수께서 이 수술을 어떻게 해야 하는 것인지 교육을 하고자 학생, 인턴, 레지던트들에게 골고루 질문을 던지셨다.

의대의 악질적인 특징 중 하나는 어떠한 것도, 절대 '맨 입에' 가르쳐 주지 않는다는 것이다. 질문을 수도 없이 던지고 야단치고 실컷 괴롭힌 다음에야 답을 말해 주는 것이다.

아! 물론, 야단치고 답을 말해주지 않는 더 나쁜 인간들도 있다. 왜 있지 않은가? 지도편달(指導鞭撻)을 해야 함에도 지도(指導)는 없고 편달(鞭撻)만 하는 그런 나쁜.

당시 내 기억 속에 선명하던 역시 그 만화 속의 블랙잭처럼, 나는 청산유수로 장을 고정하는 방법이며 추가 조치들을 읊은 덕에 상당히 수준 높은 레지던트, 공부하는 레지던트로 잠시 '떴었던' 그런 일이 있었다.

역시 테츠카 오사무 선생님 만세다!

그런데, 이 만화가 지금 갑자기 생각이 난 것은 왜일까?

글쎄, 나는 이 만화에서 흐르는 음습한 분위기나 어두우면서도 날카로운 매력을 좋아하는 편이란 것을 인정한다. 이 만화의 주인공, 아마도 테츠카 오사무란 작가 자신이 반영되었으리라 믿어지는 바로 그 모습에서, 나는 처음부터 '부조리'란 것을 읽어낼 수 있었던 것 같다. 부조리한 사회의 흐름과 정의의 실종, 그리고 인간적인 연민이 결여된 경직된 의사사회를 읽었다.

그 만화의 세계가 비록 한국은 아닐지라도, 그 작가가 말하고자 하는 것은 앞으로 내가 몸담고자 하는 사회의 고질적인 병폐요, 권위적인 모든 사회가 공히 안고 있는 문제라고 생각한 것이다.

그런 사회의 이면에서 생명을 지키고자 암약하는 블랙잭의 모습은 바로 우리 '철없는' 자들의 우상이 되기에 적절한 것이었고, 따라서 우리는 그 시절 이에 열광했었던 것 같다.

벌써 그로부터 스물 몇해가 훌쩍 지나버렸다. 이미 중견이란 너울을 쓴 지 오래고 속된 말로 '연식을 따져도' 아무에게도 그다지 뒤지지 않은 그런 나이가 되고야 말았다.

그러나… 나는 지금 어디를 서성이고 있는가?

그 많던 시간에 방황하고 길을 찾고자 했던, 그리고 만화 하나에서도 의미를 벼려 내고자 했던 젊고 감수성 깊던 자아는 어디에서 질식해가고 있는가?

그리고 오랜 길을 지나 그 그리운 것들을 기어이 잃고 말았다면, 만약 그렇게 되었다면… 혹시 이 부조리를 이겨내거나 타파할 어떤 실마리를 찾기라도 한 것일까?

내 마음속의 블랙잭, 그 이중적인 매력과 사악하면서도 강력한 그 힘이 그리워지는 시간이다.

그의 차갑고도 날카로운 칼날이.

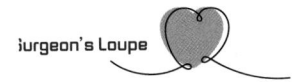

31 때깔있게!

우리가 레지던트 수련을 받을 무렵에는 그랬다.

아무리 시간이 없고 급해도 가운 아래에는 와이셔츠에 넥타이를 매고, 구두도 꺾어 신거나 하지 말고 단정한 차림으로 다니라고 선생님들은 늘 강조하셨더랬다. 그런 것을 의사로서의 최소한의 예의라고 하셨었다.

그러니 우리는 수술을 마치고 다급히 나가 회진을 준비할 때도 꼭 갖춰 입어야 했고, 요즘 가운과는 달리 무릎까지 오는 긴 가운을 아무리 더운 날에도 풀어헤치고 '황금박쥐' 차림으로 다녀서는 안 되는 거였다.

그래서 우리들의 넥타이는 늘 올가미 형태로 준비되어 있다 목에 맞춰 매 졌다가 느슨해졌다가를 반복하느라 그 수명이 그리 길지 않았다.

지금 젊은 의사들은 짐작도 하기 힘들 것이다. 그들이 완전히 적응한 크록*나 운동화 나부랭이로 다니는 게 불과 얼마 전에는 '죄악'이었다는 것을.

지금은 은퇴하신 외과의 한 교수님은 우리에게 늘 말씀하시곤 했었다.

"외과의사는 언제나 멋있어야 해. 옷도 단정하게, 그리고 멋지게 입고. 누가 봐도 깔끔해 보여야 한다."

물론 그분의 평상시 어투는 이런 단정한 것은 아니었다. 그 교수님의 말씀을 있는 그대로 옮기기가 너무 어려운 점이 있으나 (검열에 걸릴 우려까지 있으니까….) 한번 최선을 다해 보자면,

"야이 *새*들아, 그런 거지새* 같은 꼬락서니로 다니지 말라 했지? 이런 미친 **들이 이 꼬락서니로 어딜 나돌아 다니는 거야, 이*놈의 **들아! 외과 한다는 **들이 양아***도 아니고 말이야! 너희 놈의 **들 보면 어디 치료받고 싶은 마음이 들겠어? 어? 이미* 새*들아!"

뭐 이런 식이었다.

그 당시 그걸 들으면서 옷이 문제가 아니라 구강이나 머릿속을 어떻게 좀 하셔야 하는 게 아닐까 생각을 하긴 했었다.

하지만 그분의 말씀이 틀린 것은 아니었다. 어느 정도 지킬 것은 분명히 지켜야 옳다.

요즘 우리 병원의 유명한 노** 교수님(위암 명의)을 뵈면 그분은 지금도 예전의 외과의사의 전형적인 모습을 그대로 유지하고 계신다. 늘 단정한 복장에 단 한 번도 넥타이를 생략한 것

을 볼 수 없다.

그게 바로 우리 외과의 전통이고 예의였다.

하지만, 나도 요즘은 많이 느슨해져서, 우리 갑상선암센터에서 따로 만든 작업복(짙은 감색의 수술복과 유사한 옷)을 입고 일을 하고 병원을 벗어나면 그야말로 '자유로운' 복장을 하고 다닌다.

아무리 그렇다고 해도, 이렇게 아무렇게나 입고 다니는 게 당연하다고 생각하지는 않는다.

그래서 그런 청바지, 티셔츠 쪼가리 모습을 다른 사람 눈에 띄지 않게 하려 최대한 가장 일찍 출근하고, 퇴근 시간에도 남의 눈을 피해 가며 하고 있다.

얼마 전, 내 친구가 유명을 달리했다.

같은 외과의사이기에 앞서, 우리는 비슷한 'ㅈ' 자 성씨로, 언제나 비슷한 조에 속해 같이 실습을 하고 실험을 했었다. (연세대학은 성씨를 가나다 순으로 줄을 세워 학번을 부여하고, 그 순서에 따라 실험, 실습 조를 짠다.)

비교적 ㅈ자 성씨 중에 앞에 속하는 나는, ㅇ자 성씨들과 한 조였고, 그는 내 다음 조에 속했다.

그는 학생 때도 무던하고 착한 학생이었다. 다들 툴툴거리고 짜증을 내도 묵묵하게 자기 할 일을 하는 그런 친구였다.

그가 불의의 사고로 생을 마감했다는 말을 들었을 때 무척 놀라고 또 마음이 많이 아팠지만, 동기회 단톡방에 그의 아들이 조문과 위로에 대한 감사의 글을 올린 것을 보고는 더더욱… 말로 다 할 수 없는 아픔을 느꼈다.

그의 유품을 정리하러 갔던 교수실에 어지러이 남겨진 라면 수프에 대한 이야기는 정말…

한동안 너무 마음이 아팠는데, 그래서 달리 표현할 말이 없었는데, 지금에야 이런 생각과 겹쳐 다시 한번 과거의 교수님이 하신 말씀을 떠올리게 되었다.

그분은 외과의사는 누가 봐도 멋지게 살아야 한다고 늘 말씀하셨다.

옷을 잘 입고 다니는 것은 기본이고, 다른 생활에서도 '멋지게 살라'고 하셨었다.

대배우였던 고 강수연 씨도 그랬다고 했던 말,
"우리가 돈이 없지 '가오'가 없나?"

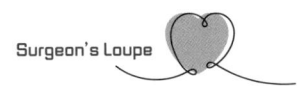

그 말처럼, 비록 다른 직종에 비해 어려울 수밖에 없는 직업임이 분명하지만 적어도 자존심만은 있게 살면 좋겠다.

그래… 멋지게 살자.

때깔도 좀 생각하자.

내 비록 멋을 부리거나 하는 것은 잘 못하지만, 그럼에도 구질구질해지지는 않게 조금 더 신경을 쓰자.

… 오늘 점심을 컵라면으로 때우면서 문득 이런 생각이 들었다.

32 백양목을 짊어진 노새

Ass with a burden of sandalwood

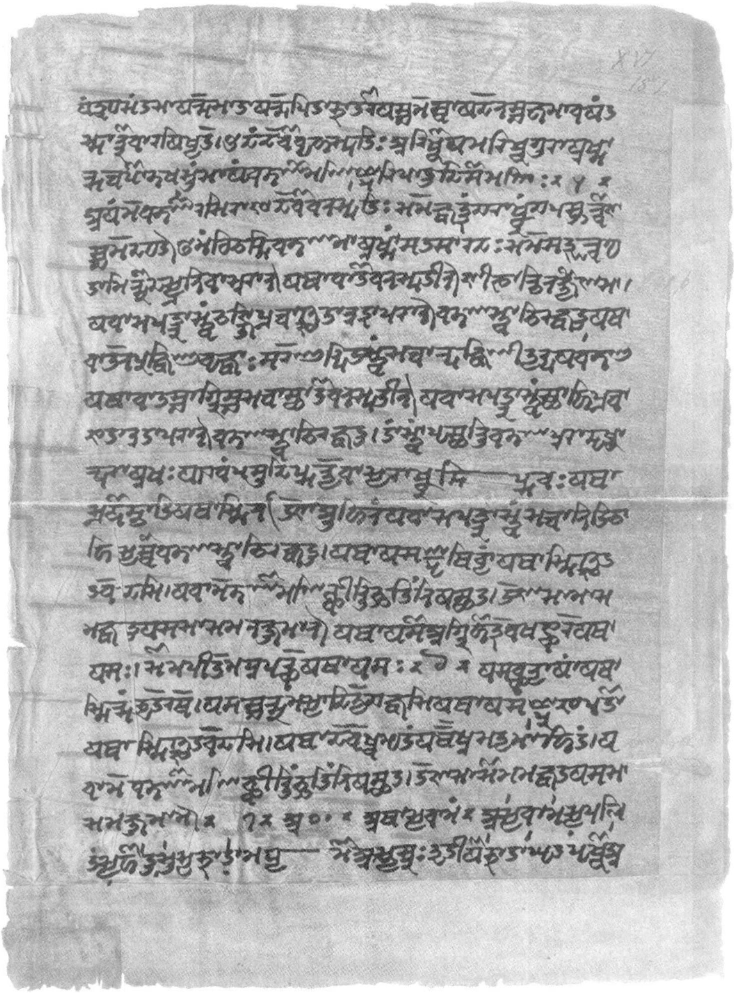

"… like an ass with a burden of sandalwood, for he knoweth the weight, but not the value thereof."

이 말은 인도의 위대한 의학자, Sushruta(BC 800?)가 한 말이다.

그는 유명한 Ayur-Veda의 대부분 내용을 기초한 사람이고, 지금은 외과학의 아버지라고 불리는 사람이다.

그는 101가지의 blunt instrument, 그리고 20가지의 sharp instrument를 직접 개발했고, 당시로서는 상상도 하기 힘든 수술인 담석제거 수술, 제왕절개 등의 수술을 했고, 현대 성형외과의 시발점이다시피 한 코 재건 수술(당시에는 형벌의 한 가지로 코를 자르는 극형이 있었다고 한다.)을 개발했는데, 이 수술은 이후 이탈리아에서 거의 같은 수술을 성공해서 한동안은 이탈리아가 원조라고 알려지기도 했었다. 하지만 지금은 이 Sushruta를 성형외과학의 시조라고 인정하고 있다. 그리고 그는 백내장 수술을 개발했다. 그가 남긴 기록에는 그 수술 과정과 수술 이후의 처치법이 상세하게 기록되어 있는데, 지금과 비교해도 정말 놀라운 수준의 경지다. 그로 인해 Sushruta는 안과학의 아버지로 불리기도 한다.

그의 수술과 치료법들 모든 것이 다 놀라운 일들이지만, 그는 의학교육자로도 큰 울림이 있는 정신을 오늘날까지 전해 주고 있다. 그의 글에는 이런 내용이 있다고 한다. (위의 그림은 실제로 그의 말을 적은 내용은 아니고, 아타르바 베다의 한 페이지이다.)

"교과서와 문헌에만 집착하는 의사는 마치 백양목을 등에 진 노새와 같다. 그는 그 무게만을 느낄 뿐, 그 가치를 알지 못한다. (like an ass with a burden of sandalwood, for he knoweth the weight, but not the value thereof.)"

정말 놀라운 말이다.
나 역시 그렇지만, 거의 모든 전문가라는 직종에서는 무엇이든 문헌이 가장 중요한 근거가 되기 마련인데, 현실은 그렇지 못한 경우가 많은 것은 누구나 인정하는 사실이다.
그러니 문헌에만 고착되어 있으면 거의 노새나 진배없는 아둔한 자라는 말, 정말 적절하고도 심금을 울리는 비유가 아닐 수 없다.

삶은 언제나 버겁고 내게 가혹하다고 다들 생각한다. 그리고 시간은 언제나 내 편이 아니다.

그리하여 하루하루 내가 짊어진 무게는 자꾸 늘어나 산더미를 방불케 한다.

하지만…

우리가 짊어진 이 무게가 단순히 별 볼 일 없는 '무게' 뿐인 것이 아니라, 진정 가치 있는 Sandalwood라면….

내 이 무게를 감당해 볼 가치가 있지 않겠는가?

외과의사의 루페
글쓰는 외과의사 장항석 교수의 쾌도난마

초판 1쇄 인쇄 2025년 4월 11일
초판 1쇄 발행 2025년 4월 15일

지은이 장 항 석
펴낸이 임 윤 철

책임편집 정 원 연   **디자인** 지 효 정

펴 낸 곳 기술과가치   **출판등록** 2013년 3월 11일 제2013-000049호
주　　소 서울특별시 강남구 영동대로 602, 6층 지82호
전　　화 02-3479-5034
홈페이지 www.technovalue.com

ISBN 979-11-952893-8-7

- 책 값은 뒤표지에 있습니다.
- 파본은 구입하신 서점에서 교환해 드립니다.
- 이 책은 저작권법에 의하여 보호받는 저작물이므로 무단전재와 복제를 금합니다.
- 이 도서의 국립중앙도서관 출판도서목록(CIP)은 서지정보유통지원시스템 홈페이지 (https://www.nl.go.kr/seoji)와 국가자료공동목록시스템(https://www.nl.go.kr/kolisnet) 에서 이용하실 수 있습니다.